SILVANO BRUNELLI

INTENSIVO

SULL'ESSERE CONSAPEVOLE

PODRESCA
EDIZIONI

In copertina:
elaborazione grafica di Liana Virgolini
Subbotina Anna/shutterstock.com
Eutah Mizushima/unsplash.com

Prima Edizione: febbraio 2018

Si ringraziano
Eleonora Galli
Renato Verrua

Progetto grafico
Liana Virgolini

Stampato presso
Grafiche Filacorda
Udine

PODRESCA EDIZIONI
Borgo Podresca 1
33040 Prepotto, UD
tel. 0432.713319
www.podrescaedizioni.it
info@podrescaedizioni.it

PREFAZIONE

Conoscere se stessi è il fulcro della vita, perché da qui prende forma ogni nostra espressione, ogni nostra esperienza. È il punto d'origine e d'arrivo.
Ogni individuo già conosce se stesso e questa è una verità auto-evidente. Ogni individuo può conoscersi maggiormente ed è una verità meno considerata, pur essendo importante. Ancora meno noto è il percorso. Come fare? Come conoscere di più se stessi?
L'Intensivo sull'Essere Consapevole è un corso di tre giorni dedicato interamente a questo scopo. La ricerca prende avvio dalla consapevolezza: essere se stessi. È un metodo innovativo che risponde esattamente alle esigenze attuali delle persone. È un approccio assai efficace per indirizzare la voglia di cambiare, di rinnovarsi e di proiettarsi in avanti.
Il libro descrive il corso, l'Intensivo sull'Essere Consapevole, e al contempo racconta il bisogno di ogni essere umano di esplorarsi per conquistare veramente, completamente sé e la propria esistenza. Spiegando come fare, come agire per maturare sul piano umano, ispira e sviluppa la motivazione: perché fare, perché investire nel bene più prezioso che siamo noi.

Lo strumento dell'Intensivo si conferma eccellente, perciò il punto decisivo è la motivazione: voler crescere come persona. Oggi è più che mai indispensabile concepire la crescita della persona come una priorità emergente.
L'individuo ha bisogno di progredire per avere chiarezza di sé, per scegliere con certezza i suoi progetti di vita e per acquisire le abilità necessarie per realizzarli.
Anche la società in cui viviamo e l'umanità nel suo insieme hanno bisogno della maturità delle persone. Questa è l'unica strada per assumere decisioni giuste, per migliorare la qualità della vita, per garantire la soluzione e la prevenzione dei problemi. La persona è oggi la chiave dello sviluppo.
Una società che dispone di beni e servizi di ottima qualità e di persone immature, insoddisfatte, conflittuali, si trova in una situazione limitante, controproducente e talvolta dannosa. Il singolo, la famiglia e i membri della comunità hanno bisogno di crescere per diventare persone più mature, più capaci, collaborative e felici, per diventare belle persone.
L'Intensivo ha un'ampia portata, conferisce riconoscimento e dignità all'essere consapevole.
L'essere umano è un corpo biologico, è una mente pensante ed è anche un individuo consapevole. Sappiamo come nutrire il corpo e la mente, ma non sappiamo come divenire più consapevoli e come valorizzare le persone. Il corso colma una lacuna e offre ai ricercatori l'opportunità di scoprire la completezza esistenziale.
Silvano Brunelli condusse nel 1985 il primo Intensivo in Italia. Da allora per oltre un trentennio la storia degli Intensivi è proseguita con continuità. Di anno in anno si sono tenuti In-

tensivi con alta maestria e profonda umanità. Affrontate e superate molte difficoltà, il percorso continua con uno sviluppo costante.
Con trent'anni di ricerca, di formazione e con l'analisi di metodi diversi, posso affermare con certezza che l'Intensivo sull'Essere Consapevole è lo strumento migliore attualmente disponibile per divenire consapevoli e per crescere come persona.
Colonna portante dell'Intensivo è l'efficacia della sua tecnica. L'Intensivo funziona. Applicando correttamente la tecnica si raggiunge la meta: l'Esperienza Diretta, una consapevolezza inedita d'immenso valore.
Quando si possiede uno strumento realmente e straordinariamente efficace, è naturale applicarlo e farlo conoscere. L'Intensivo è impegnativo e il risultato non è scontato, ma ogni ricercatore determinato trova il contesto ottimale per riuscire.
Il metodo dell'Intensivo è un approccio attivo. Il partecipante si coinvolge e passo dopo passo conquista i suoi risultati. L'Intensivo non è un luogo dove la persona riceve un prodotto finito, non sembra un museo che espone splendide opere d'arte da ammirare, è un'officina dove ognuno forgia la sua creazione; non è un negozio dove acquistare un vestito perfetto, ma una sartoria in cui ognuno taglia e cuce su misura il suo abito.
Il corso è una palestra, è una sfida, è una prova e non tutti la superano.
È necessario anche più del massimo impegno per riuscire, ma riuscire è una grande esperienza, è una scoperta che illumina, che accende d'entusiasmo, che appaga profondamente, che fa crescere.

È una bellezza indicibile che fonde la straordinarietà e la naturalezza. È la vetta di umanità e la spontaneità di un istante, insieme.
Ogni sforzo merita di essere compiuto per raggiungere questo traguardo.
L'Intensivo costituisce anche una grande scuola di vita che insegna come esprimersi, come comprendere e accettare gli altri, insegna a superare gli ostacoli, a vincere le crisi, a essere forti e generosi.
Il ricercatore che affronta con onestà l'avventura dell'Intensivo si ritrova pieno di gratitudine. Ha dato tutto ma ha ricevuto più di quanto poteva immaginare di ricevere.
Il libro descrive un corso di crescita personale, racconta il bisogno di progredire custodito in ogni essere umano e porta l'attenzione a come ognuno di noi può cogliere l'apice di se stesso, l'apice di elevatezza e di umanità. Vi invito a leggerlo con la mente e con il cuore perché essere se stessi è un naturale punto di partenza e un alto punto di arrivo.

Silvana Tiani Brunelli
Podresca, 8 ottobre 2017

INTRODUZIONE

Questo libro mi sta particolarmente a cuore perché è il progetto al quale ho dedicato la mia vita: l'Intensivo sull'Essere Consapevole. Un corso intenso, come dice il suo stesso nome, in cui l'individuo ha l'opportunità di divenire maggiormente consapevole.
Perché è così importante?
Perché la consapevolezza è essenziale e da essa si sprigiona tutto il resto: i pensieri, le decisioni, le comunicazioni, le azioni…
La consapevolezza viene attualmente trattata come una materia inerte, esiste ma nessuno se ne occupa; invece è importantissima e custodisce la soluzione a molti dei problemi attualmente presenti. La consapevolezza è conoscere se stessi, è sapere di essere ed è la sorgente della completezza esistenziale e del naturale senso dell'etica. È quel particolare ingrediente capace di tradurre, quasi senza sforzo e spesso con entusiasmo, i valori e le decisioni in azioni e in risultati. Ne consegue che la misura dello sviluppo della consapevolezza è anche la misura dello sviluppo umano nel suo insieme.

L'Intensivo è dedicato all'individuo consapevole. Individuo significa letteralmente che non può essere suddiviso in più parti.
La parola individuo deriva dal latino "in" (che indica "non") e "dividuo" (che sta per "dividere"), perciò "non divisibile". Quindi tu non sei divisibile. Tu sei un individuo. L'Intensivo è uno dei rari percorsi che, non solo riconosce l'unicità e il valore dell'individuo, ma anche crea il contesto ottimale per la sua crescita.
Ho scritto questo libro per coloro che non conoscono l'Intensivo sull'Essere Consapevole: così avete l'opportunità di scoprire un percorso inedito in cui potete addentrarvi per crescere e per ri-scoprirvi.
Ho scritto questo libro anche per coloro che hanno già partecipato all'Intensivo per riflettere sulle diverse tappe di questo viaggio straordinario: ripercorrere i passi fatti e usufruire maggiormente delle conquiste raggiunte e anche coltivare la motivazione per compiere ulteriori passi avanti.
Ho scelto volutamente un approccio tecnico, quasi da manuale di studio, perché ritengo che sia veramente necessario comprendere l'Intensivo e rendersi conto della straordinarietà di questo strumento. Eppure l'Intensivo è un luogo prediletto di umanità: si ride, si piange, ci sia annoia, ci si entusiasma, ci si slancia in valori altissimi, ci si ritrova negli abissi della sofferenza, si fanno scoperte... l'Intensivo, come l'essere umano, è tutto questo ed è autentica crescita.
Alla conclusione di ogni capitolo troverete alcune condivisioni dei partecipanti che nell'arco degli anni si sono cimentati con le sfide del conoscere se stessi.

Le loro voci raccontano le esperienze vissute e trasmettono quanto i cambiamenti positivi siano alla nostra portata, se solo decidiamo di intraprenderli. Li ringrazio apprezzando il loro coraggio di ricercatori, la bellezza della loro espressione spontanea e il valore delle loro conquiste.
Penso che ogni persona dovrebbe scoprire la propria brillantezza, dovrebbe concepire una crescita continua per l'intera vita, non solo per i tre giorni del corso. La consapevolezza di divenire una persona migliore per se stessi e per gli altri, è un bene umano che attende di essere scoperto.
Ogni conquista nasce dal cogliere un'opportunità.
L'Intensivo sull'Essere Consapevole è una delle grandi opportunità della vita.

Silvano Brunelli
Podresca, 28 novembre 2017

1

Sulla natura dell'essere umano

Le cose grandi ai grandi, gli abissi ai profondi,
le finezze ai sottili e le rarità ai rari.

– Friedrich Nietzsche –

I molteplici ruoli, le sfide esistenziali, i drammi e le storie irripetibili dell'uomo si rivelano in tre aspetti fondamentali tipici della natura umana. Di solito si considera ricca la vita che li contiene tutti nel suo flusso potente e si considera completo colui che libera ed esprime totalmente tali aspetti nella sua individualità consapevole.

Il primo e più antico palcoscenico dei giochi esistenziali, condiviso con il regno animale, è quello dei corpi fisici: la dimensione della biologia presieduta dall'atavico istinto di sopravvivenza accompagnato dalla sessualità, designata a cavalcare con passione la potente spinta riproduttiva.

La corte dei bisogni primari continuamente assiste e supporta le due forze sovrane (sopravvivenza del singolo e sopravvivenza della specie); il suo dominio è da tempo immemore solido e ben integrato.

Noi sopravviviamo, noi di generazione in generazione ci riproduciamo, noi lottiamo e senza sosta con una certa bravura soddisfiamo i bisogni quotidiani.
La dimensione psicologica è il secondo aspetto fondamentale di noi *Homo sapiens sapiens*, capace di originare infiniti destini. La riconduciamo al sistema cerebrale, alla nostra biologia evoluta.
La psicologia è complessa e raffinata, ha partorito civiltà, linguaggi, arti, scienze e quindi a pieno titolo la consideriamo una dimensione autonoma. La nostra psicologia non solo produce un'interpretazione raffinata della realtà e risposte coerenti, ma origina anche una creatività astratta non più, e non solo, attinente alla sopravvivenza e al soddisfacimento dei bisogni primari.
Dalle dinamiche della psicologia umana emergono identità (chi essere), qualità (che cosa essere), desideri-fini (che cosa ottenere), valori e logiche operative (come agire, come ottenere) e motivazioni-ragioni (perché ottenere).
La dimensione psicologica nella forma più elementare è la capacità di astrazione, che si traduce nelle abilità deduttive, riflessive e predittive. Nella forma complessa è il luogo dove si originano i punti di vista, le scelte, il sentire e il volere; è una sovrastruttura che crea il carattere, la specificità e l'unicità d'espressione: la personalità umana.
Le due dimensioni biologica e psicologica si integrano con equilibrio. Talvolta però il peso delle alterazioni nella personalità è tale da sottomettere e asservire ai sui scopi tutto il dominio biologico.
Qual è lo scopo intrinseco della persona?

Per le persone più semplici è appagare desideri, per quelle più complesse è realizzare fini.

I fini custodiscono le fondamenta dell'interpretazione esistenziale, i valori, ciò che ognuno ritiene importante, ciò per cui ognuno spende tempo ed energia, ciò che dà significato a ogni giornata.

I desideri dominano la maggior parte delle persone; esse non possiedono autentici fini esistenziali. Molti si trovano con i desideri e i fini esistenziali in conflitto tra loro. Alcuni infine hanno saputo travasare tutta la forza dei desideri nei loro fini e li hanno portati a coincidere. La personalità si esprime lottando per i fini che essa origina, delinea, realizza e in ultima battuta trasforma in stile di vita. La persona, quando riesce a vivere così come ha immaginato e determinato, sperimenta l'esperienza di unicità auto-realizzante.

Risulta più articolato e complesso ottenere i fini che soddisfare i bisogni. Di solito è spontaneo soddisfare un bisogno di base, mentre ci vogliono tempo e azioni per dare forma a uno stile di vita. In più, il nostro stile di vita coinvolge altre persone con i loro fini, le loro scelte e la loro volontà, che possono convergere o divergere dai nostri, con conseguenti collaborazioni o conflitti. Occorre un insieme di capacità molto raffinate, diverse da quelle che usiamo per esprimere e appagare noi stessi, se vogliamo realizzare le nostre ambizioni interagendo con le esigenze degli altri.

Il terzo aspetto fondamentale dell'essere umano è la dote stupefacente di essere consapevole di sé e degli altri: "*Io sono e so di essere! Tu sei e sai di essere! Io so che tu sai di essere! Tu sai che io so di essere!*"

Una declinazione di flussi di consapevolezza, che incide sul cervello e origina soggetti psicologici inediti: Io, Tu, Noi.
Non solo corpi umani con l'istinto di sopravvivere e di riprodursi, non solo persone impegnate ad appagare desideri e a realizzare fini, ma anche individui consapevoli di essere.
Le capacità di appagare i bisogni, inseguire i desideri e concretizzare i fini sono tanto doti innate quanto competenze acquisite nel percorso educativo.
Come si forma invece la capacità di essere consapevoli di sé e degli altri? La consapevolezza è un istinto innato? La capacità di essere consapevole è una dote che si assimila nel processo formativo?
L'individualità consapevole appare come caratteristica innata, ma non è una condizione fissa o predefinita.
L'individualità consapevole è anche uno stato acquisibile. Persone diverse possiedono gradienti differenti di consapevolezza e nel singolo individuo essa può crescere o decrescere, aumentare o andare perduta nel corso della vita.
L'individualità consapevole non è un istinto come la sopravvivenza, non è una pulsione come la riproduzione sessuale, non è un'abilità come parlare una lingua, nuotare o saper leggere un libro. È una specifica proprietà della natura umana.
Ognuno possiede in forma potenziale questa dote. Essa preme per manifestarsi nella sua interezza e, affinché si manifesti compiutamente, serve un contesto esistenziale e relazionale adatto.
La logica di base dell'Essere consapevole assomiglia a quella presente nel corpo e nella mente.

Un contesto favorevole consente il pieno fiorire della potenzialità, regala un'intensa soddisfazione; un ambiente ostile non solo la fa appassire, ma provoca anche dolore e incompletezza.
Se l'Essere è privato del suo nutrimento irrinunciabile o subisce delle ferite, la consapevolezza si altera e riduce la sua potenzialità.
L'Essere produce una gamma infinita di gradazioni di consapevolezza, dall'assenza alla presenza completa.
La persona sia risponde con reazioni inconsapevoli, guidata da meccanismi comportamentali automatici, sia agisce e veicola l'azione con scelte scaturite dalla piena consapevolezza.
Perché è così importante che la vita si accompagni alla piena espressione e partecipazione consapevole invece che a meccanismi comportamentali automatici?
La completezza esistenziale si collega ed è direttamente proporzionale al grado di consapevolezza presente nella persona, che è felice tanto quanto origina il comportamento e l'orientamento in modo consapevole. Ecco svelato l'arcano sulla tanto discussa felicità umana. Per quanto i bisogni siano appagati, per quanto i desideri e i fini siano realizzati, l'individuo non trova né equilibrio né soddisfazione finché non conquista un'azione originata, guidata e portata alla meta dalla piena consapevolezza.
La storia e il mondo sono pieni di persone variamente soddisfatte o diversamente incomplete. Ben poche sono invece capaci di agire con piena consapevolezza e ottenere la completezza esistenziale.

La consapevolezza è il precursore universale di molte attività fondamentali.

La prima è la facoltà di scegliere e con le scelte determinare l'orientamento verso il quale progredire. Le scelte manifestano che cosa la persona vuole ottenere nella vita e come vuole esprimersi.

La consapevolezza origina e dispiega ogni ragione che dia senso al vivere. La consapevolezza porta un dono d'inestimabile valore: dispensa il senso della vita, svela il valore con il quale la persona diventa eroe del suo tempo.

La consapevolezza è una forza che non lascia scampo, ci costringe al pieno coinvolgimento con il flusso della vita e la trasforma in missione, qualunque sia la vocazione. Diventiamo così donne e uomini maturi, liberi dall'egoismo, capaci di essere in relazione, di includere gli altri e scopriamo che a loro volta essi ricambiano in modo equivalente.

La consapevolezza di sé ci libera dalla paura irrazionale, dalla preoccupazione per l'ignoto e per gli imprevisti inevitabili.

La consapevolezza scioglie il vincolo con il senso di colpa intrappolato in eventi irrisolti, errori e fallimenti del nostro passato.

La consapevolezza è una guida meravigliosa, che con delicatezza s'impone sugli eventi: con la scelta! È gentile come un mare calmo. È potente perché contiene e sostiene tutta la vita.

La consapevolezza, mediante le scelte, indirizza l'espressione e il corso degli eventi... il viaggio che ogni individuo compie.

La consapevolezza, con la facoltà intrinseca di scegliere, fa emergere le mete esistenziali, i porti esistenziali dove la persona vorrà approdare.

Senza consapevolezza gli istinti e la competizione sleale predominano. Con la consapevolezza fioriscono la compassione e l'umanità, beni custoditi nel cuore umano.
Tutti disponiamo della spinta innata che fa crescere il corpo fino alla maturità, e di una tensione che porta a diventare adulti e a saper rispondere in modo vincente alle necessità quotidiane.
Come conosciamo i processi corretti per nutrire i corpi e le menti dei giovani, affinché diventino sani e maturi, altrettanto serve conoscere ciò che eleva la consapevolezza. È una proprietà che può crescere senza limiti, non è una qualità da ritenere scontata e inerte, priva di conseguenze sugli avvenimenti.
Accanto alla sfida di nutrire i corpi e di formare belle persone il terzo millennio richiede d'alzare l'asticella evolutiva, trovando nuovi strumenti per conquistare la piena consapevolezza dell'individuo.
L'Essere origina la percezione di sé e crea il senso d'identità: io. Una presenza auto-evidente e auto-referente.
L'io è il punto d'inizio. Da qui sperimento le mie esperienze.
L'io è anche una sorgente, un punto d'origine. Da qui si apre il ventaglio delle opzioni: che cosa posso diventare.
L'io è luogo di compimento. Quello che ho esplorato, sperimentato e costruito mi dona il senso di auto-realizzazione.
Il vissuto soggettivo della completezza si colloca esattamente in questa posizione: l'espressione *qualificatrice* è originata dall'Essere. I pensieri, le parole e le azioni originano dal sé, dalla condizione di essere consapevole, presente, vero, autentico.

L'esito è molto diverso quando l'Essere è un osservatore sterile e distaccato, che delega alla mente il compito di copiare i modi d'essere degli altri.
Persone straordinarie, ricche di conoscenza e di umanità, con coraggio hanno abbandonato le strade battute per addentrarsi in spazi inesplorati della dimensione umana, alla ricerca di uno strumento capace di nutrire e di portare a compimento la consapevolezza presente in ognuno, ma non ancora completamente liberata e conquistata.
La nostra epoca, densa di sofferenza, di sfide e di contraddizioni, richiede la consapevolezza individuale e reclama la più elevata responsabilità che da essa deriva. Stiamo attraversando una dicotomia assai rischiosa. Osserviamo risultati di valore, progresso tecnologico e opportunità; ma anche conflitti, il pericolo di guerre devastanti, la crisi delle risorse energetiche, i cambiamenti climatici, lo scontro tra religioni, la povertà crescente.
Come risolvere l'equazione del momento storico attuale?
Le tensioni e i conflitti avvengono anche nel microcosmo personale che vuole ma non vuole, che vorrebbe ottenere i risultati ma teme di non riuscire, che decide ma non agisce, che desidera stare con gli altri ma anche si chiude e li rifiuta.
Come superare la dicotomia che vanifica i talenti e le opportunità della persona?
Ogni individuo, e tutti insieme come umanità, abbiamo la risposta che cerchiamo: divenire maggiormente consapevoli.
Tutti siamo consapevoli in una certa misura ma non completamente. Serve colmare il divario tra i due punti: tra la coscienza attuale e la piena consapevolezza.

Una maggiore consapevolezza non è un'evasione piacevole dalla routine e nemmeno uno svago. È una necessità impellente per l'umanità ed è un bisogno personale per guidare l'esistenza in modo corretto. Maggiore consapevolezza si traduce in espressione di sé, valori, scelte valide, impegno per i fini comuni, onestà, fierezza, collaborazione... ed è attraverso questi passi che troveremo le soluzioni che stiamo cercando.
Adottata la meta di volere la piena consapevolezza, appare la domanda: "Come raggiungerla?"
Data la vastità del genere umano, ci saranno molte risposte, ma una spicca per la sua efficacia e per la sua bellezza: è l'Intensivo sull'Essere Consapevole. Un corso intenso e profondo durante il quale il partecipante diviene maggiormente consapevole.
L'Intensivo è la risposta più avanzata per rispondere al bisogno di crescere sul piano umano. L'Intensivo è lo strumento più potente per incrementare la consapevolezza dell'individuo.
Oggi, all'apice di trent'anni di pratica ininterrotta in Italia, l'Intensivo sull'Essere Consapevole si riconferma come la disciplina per andare oltre quell'asticella che l'evoluzione ci pone come la principale sfida da affrontare.

> *Non c'è nessuno più bravo di me nell'essere me.*
> *Ed ora ho capito: il punto non è essere come voglio essere,*
> *ma voler essere esattamente come sono.*
>
> *Alice Piazza*

2

Cos'è l'Intensivo sull'Essere Consapevole?

Ogni uomo vale quanto le cose che ricerca.

– Marco Aurelio –

L'Intensivo è un luogo d'incontro, uno spazio con caratteristiche tecniche e logistiche ben definite, dove un gruppo dalle venti alle trenta persone ha liberamente scelto d'interagire con cura e in maniera davvero speciale, unica nel suo genere, con la finalità di accrescere la conoscenza di sé.
I partecipanti hanno scelto di divenire più consapevoli di chi essi sono veramente e di chi sono realmente gli altri.
L'Intensivo è residenziale, i partecipanti come una squadra ben organizzata si gestiscono per mangiare, riposare e lavorare. Un team di assistenti e una guida responsabile, dotata di grande preparazione e competenza, supporta il gruppo e lo indirizza verso la meta comune.
L'Intensivo è un tempo dedicato a relazioni di alta qualità e alla pratica di una tecnica semplice ed efficacissima, capace di concentrare l'attenzione dell'individuo per esplorare la sua interiorità come mai prima.

Il corso dura tre giorni, un tempo completamente investito nello sforzo di praticare la tecnica: conoscere ed esprimere la verità emergente di se stessi momento per momento. I partecipanti si impegnano intensamente, investono tutta la loro forza e mantengono lo sforzo per tutto il tempo a disposizione. L'intensità protratta senza sosta per tre giorni conduce l'individualità consapevole a profonde comprensioni sulla sua natura fondamentale. Il ciclo di tre giorni permette al soggetto di immergersi in sé e di scoprire perle preziose, entusiasmanti, un'avventura memorabile come quella dell'oceanografo Jacques-Yves Cousteau, famoso per aver raggiunto profondità marine sino a quel momento inesplorate.

L'Intensivo è energia investita nella ricerca della propria essenza consapevole.

L'Intensivo è un nodo dove spazio, tempo e persone si incrociano e, nei casi migliori, si fondono per spendersi con intensa energia per un fine condiviso.

L'Intensivo in virtù della sua struttura e della sinergia del gruppo incanala completamente l'energia personale e la focalizza sull'obbiettivo da raggiungere.

Nell'Intensivo i partecipanti investono moltissimo nella qualità delle relazioni, qualità che si afferma progressivamente, che cresce a dismisura sino a sfociare nella nobile proprietà dell'equivalenza. Ognuno diviene consapevole del proprio valore, del valore degli altri e scopre come interagire in modo equivalente. La qualità e l'intensità dell'attenzione sperimentata nelle relazioni aumentano la capacità di comprendere, finché il partecipante riesce ad affrontare e a integrare gli irrisolti accumulati nella sua interiorità.

L'equivalenza unita all'abilità della comprensione genera un effetto straordinario: l'energia si libera ulteriormente e si traduce in virtù, che sorprendono la persona, che le risultano inusuali come la persistenza, la passione, la tenacia, la pazienza, l'entusiasmo, la positività, l'eroismo...
Il viaggio prosegue, il partecipante continua a indirizzare l'energia nella tecnica, nell'intento di vivere direttamente il suo oggetto di ricerca fino a riuscirci.
Ci vogliono forza fisica, emotiva e mentale per perseverare molte ore al giorno per tre giorni consecutivi. Ci vogliono una motivazione forte, volontà e disciplina per affrontare gli irrisolti del nostro passato e sostenere gli irrisolti degli altri.
Ci vogliono determinazione, concentrazione, accettazione e comprensione per fermarsi, per smettere di rincorrere gli stimoli della quotidianità, come un bambino che corre dietro l'aquilone, e affrontare la parte ignota di un oggetto fondamentale: chi noi siamo realmente.
L'Intensivo è imparare a mettersi in primo piano.
La tecnica ha una peculiarità originale. Viene svolta in relazione, insieme a un'altra persona con la quale si alternano i ruoli, uno attivo e uno di ascolto. Durante il ruolo attivo il partecipante origina l'intenzione di vivere direttamente se stesso ed esprime i contenuti, che emergono di conseguenza.
Si tratta di un'esperienza importante, che insegna a originare la propria espressione e ad abbandonare l'abitudine di duplicare i modi di essere degli altri attraverso meccanismi inconsci e automatici.
L'Intensivo insegna gradualmente a essere protagonista e a vivere la propria vita in prima persona.

L'Intensivo è sapersi mettere in secondo piano.
Nel ruolo di ascolto la persona sostiene con l'attenzione e la comprensione lo sforzo dell'altro. Mettersi in secondo piano non è una cortesia formale, non è un tempo di silenzio per permettere agli altri di parlare. È un atto di cura, è un dono, è una forma di amore e di riconoscimento. Dare la priorità agli altri per sostenerli nella loro crescita è straordinario.
L'Intensivo insegna una forma di relazione assai nobile: amare incondizionatamente.
L'Intensivo è sacrificio.
Insegna ad andare oltre il proprio limite per crescere e insegna a sostenere gli altri a superare i loro limiti per crescere. I passi della ricerca sono inesorabili. Con maestria raffinata e con gradualità delicata il corso conduce ogni partecipante al suo limite, affinché egli lo superi e progredisca.
L'Intensivo è imparare ad aprirsi.
I partecipanti, che condividono un'avventura unica, a un certo punto scelgono di fidarsi e di mostrarsi a vicenda in modo autentico; si rendono conto che crescere significa anche condividere reciprocamente in modo vero e completo la dimensione interiore.
L'Intensivo è coraggio di aprirsi, di mostrarsi, di esporsi e di rivelare chi siamo. Ci vuole una forza interiore fuori dal comune per mettersi in discussione alla radice, per togliere le maschere indossate per essere accettati dagli altri o per evitare la verità.
Serve coraggio per abbandonare le falsità e trovare *chi essere*. Serve coraggio per andare oltre i falsi modi di essere degli altri ed entrare in contatto con loro, con chi sono veramente.

L'Intensivo è amore e compassione.

Il metodo di lavoro, naturale ed efficace, insegna a rispettare e amare sia sé, sia gli altri in misura equivalente. Essere amici in una ricerca preziosa, dare e ricevere la possibilità di crescere sul piano umano fa sgorgare un amore impersonale ma vero, fraterno.

L'amore reciproco permette di scavare a fondo nella propria storia personale, di affrontare l'abisso degli eventi più dolorosi e di raggiungere vette inimmaginabili. È sempre l'amore vicendevole che permette di esporre il lato difficile del proprio carattere senza pericolo di ferire o di essere feriti. Distinguere i vissuti e i contenuti dall'individuo che li manifesta permette di portare fuori la zona d'ombra della mente, composta da comunicazioni trattenute e rancori, senza per questo subire giudizi o il rifiuto. Il partner di ascolto sostiene e comprende senza giudicare l'informazione del partner attivo, per quanto sgradevole, inappropriata o dolorosa sia. Libere dai fardelli del passato, le persone trovano la strada per emergere ed esprimere la loro vera natura essenziale, che brilla di luce propria. Poeticamente diciamo che in quel momento nel firmamento è apparsa una nuova stella.

L'Intensivo è umanità.

Il dono d'amore incondizionato che i partecipanti scoprono di scambiarsi gli uni con gli altri presto si diffonde, si afferma ed emana ulteriori fragranze preziose come l'affinità, l'empatia, la simpatia, la complicità, il riconoscimento della propria unicità, la serena accettazione della diversità, la capacità di essere liberi e di sapersi confrontare con la libertà degli altri.

L'Intensivo trasforma in umanità l'amore impersonale che scaturisce dall'intensa ricerca.
Il senso di umanità diventa poi il prodotto finale dell'Intensivo ed è anche un potenziale evolutivo straordinario.
Come in una corsa a staffetta, nell'Intensivo il testimone passa nelle mani di molti corridori e alla fine è l'umanità custodita in ognuno, l'umanità che anche ci contiene tutti a tagliare il traguardo e a vincere la gara.
Alla conclusione dell'Intensivo l'umanità è cresciuta, si è rafforzata sino a divenire causale. Così emerge l'unicità dell'individualità consapevole, è il suo momento di salire sul podio della vittoria e di ritirare la corona d'alloro.
È il senso di umanità, che promuove i cambiamenti positivi, ed è ancora il senso di umanità la forza motivante tra le più potenti e più nobili.
Tornate a casa, alla famiglia e al lavoro, le persone sentono la spinta a impegnarsi in concreto per elevare la qualità della vita.
Ad ogni progresso nella consapevolezza di sé corrisponde la capacità di dare maggiore valore alla vita e alle persone.
Se vogliamo elevare la qualità della vita nostra o altrui, non possiamo esimerci da una priorità: elevare la consapevolezza individuale. Tentare di elevare la qualità della vita senza includere la consapevolezza individuale equivale a pretendere che un corpo cresca sano senza occuparsi di un'alimentazione corretta.

Perché l'Intensivo

L'Intensivo, avendo una struttura forte e precisa, richiede grandi sforzi e sacrifici. È molto impegnativo per il docente che lo conduce, per i partecipanti che lo frequentano e per gli assistenti che lo sostengono. Per ottenere il risultato serve un lavoro immane, al quale nessuno può avvicinarsi con leggerezza o superficialità.
Perché fare una cosa così difficile, al limite del possibile? Quali sono i rapporti tra costi e benefici?
Sarebbe più semplice organizzare incontri serali, svolgere alcuni esercizi e tornare a casa? Dopo un anno il gruppo accumulerebbe una quantità di ore di "lavoro" equivalente a un corso di tre giorni. Ma ottime ragioni sostengono il formato dell'Intensivo.
Anzitutto i partecipanti nell'arco di un anno non sarebbero così costanti, parteciperebbero saltuariamente agli incontri. Ragione seconda e più importante: i partecipanti hanno bisogno di essere immersi in modo intenso e completo nella tecnica e nel mare di impressioni che essa fa emergere. L'integrazione degli irrisolti senza un'adeguata immersione sarebbe fuori portata. Al momento di concludere l'incontro nelle loro menti inizierebbero ad affiorare gli irrisolti. Negli incontri settimanali non si produrrebbe l'immersione necessaria. L'Intensivo è dunque un luogo e un tempo dove relazioni di alta qualità e intenzioni assai intense si fondono con una tecnica d'indagine.
L'efficacia dell'Intensivo nasce anche dalle regole e dall'orario giornaliero.

Se durante l'Intensivo la persona accendesse la televisione, bevesse una birra e chiacchierasse con gli amici al bar, la mente continuerebbe a riempirsi di impressioni, delle quali poi dovrebbe liberarsi per arrivare all'essenza fondamentale di sé. Inoltre l'Intensivo, con la sua struttura e il suo funzionamento, è anche un grande *maestro di vita, che* consente ai partecipanti di maturare comprensioni fondanti su come vivere. Dunque, perché un Intensivo? Perché insegna a vivere correttamente!

Insegna a stare in una relazione di alta qualità con gli altri, a vederli così come sono senza giudicarli, a riconoscere il loro valore, ad apprezzarli, a rispettarli. Insegna a comunicare, a esprimere, a mostrarsi in una relazione sicura senza ferite fatte e ricevute. Insegna a interagire nel rispetto degli accordi, con lealtà, verità e onestà. Con queste qualità la persona scopre la profondità dei rapporti umani e i sorprendenti tesori che le profondità custodiscono.

Insegna a conoscere la natura umana con le sue vette e i suoi abissi, a maneggiare virtù e difetti con intelligenza, in funzione della crescita reciproca.

Insegna a essere aperti, a sentire, ad accogliere, a permettere alle esperienze di accadere, liberando sé da un controllo eccessivo, da rigidità e limitazione, modalità che provocano perdite e fallimenti nella vita.

Insegna ad attraversare le crisi, a essere coraggiosi e forti, a non mollare. Non basta che qualcuno mi dica "sii coraggioso" perché io sviluppi il coraggio. Per scoprire il significato di coraggio serve che in concreto io attraversi una difficoltà con le mie forze.

Insegna a volere, ad avere un obiettivo e a lottare per raggiungerlo.
Insegna che pensieri e sentimenti appaiono e scompaiono, come attori sul palcoscenico, ma che in noi stessi possiamo trovare un senso profondo per vivere con completezza e con piena soddisfazione.
L'Intensivo insegna anche altre cose preziosissime, che ognuno scoprirà a tempo debito intento dopo intento...
Per ottenere i grandi risultati dell'Intensivo è semplicemente necessario l'Intensivo; altre forme d'incontro, di esercizi e di percorsi, anche se portano a benefici di varia natura, non riescono a raggiungere le vette dei tre giorni di intensa ricerca.

Impegno e sostegno

Ogni elemento dell'Intensivo è passato al vaglio di un'attenta analisi finalizzata al raggiungimento dell'equilibrio ottimale.
I partecipanti si impegnano in modo intenso e continuativo, l'orario prevede tante piccole attenzioni per garantire il loro benessere, come la ginnastica al mattino, le brevi pause, la passeggiata e il riposo nel pomeriggio. L'orario giornaliero sostiene i partecipanti nell'applicare senza sosta la tecnica con forte concentrazione e intensità. Il programma predispone contesti diversi che favoriscono l'apertura e facilitano l'impegno.
La mente umana riceve ogni giorno una grande quantità di stimoli e di impressioni. Parte di questi dati viene elaborata e trasformata in conoscenze, competenze e maturità.

Una certa quantità di dati va dispersa, dimenticata e resta irrecuperabile. Gli eventi sopraffacenti per l'individuo si fissano nella mente inconscia, rimangono e diventano strutture limitanti della personalità. La mente contiene anche una massa di dati non significativi, usati per riempire il vuoto o per non sentire il disagio sottostante.

Per conquistare la piena consapevolezza di sé ogni partecipante attraversa il territorio della mente e affronta i contenuti sedimentati. Per aprire un varco è necessario liberarsi delle impressioni limitanti e delle distrazioni. L'azione che sgombra la strada è la comprensione. I partecipanti hanno bisogno di instaurare fiducia reciproca e di scoprire una profondità nelle relazioni, che di rado ottengono nelle esperienze ordinarie.

Occorre un giorno e mezzo di lavoro continuativo per raggiungere una condizione d'apertura e di profondità, dove l'attenzione diventa acuta e intensa, le relazioni aperte ed equivalenti.

Durante il corso i partecipanti sperimentano tre giorni liberi dalle tossine relazionali quali critiche, lamenti, bugie, pettegolezzi e dalle tossine alimentari (sigarette, caffè, alcool e prodotti che variamente alterano il cervello). Anche questo è un fattore che determina il funzionamento dell'Intensivo.

Un lasso di tempo senza le solite tossine fa scattare un cambiamento: prima si entra in crisi di astinenza con fastidio e disagio, poi emerge un nuovo stato di purezza che regala maggiore chiarezza ed entusiasmo.

Di fronte al malessere della crisi di astinenza si potrebbe pensare che sarebbe meglio acconsentire l'uso delle tossine.

Non è così. È meglio sopportare i sintomi del processo di purificazione e liberarsi dalla dipendenza.
Accettare il disagio, sostenerlo e attraversare la crisi è un processo che rende una persona più forte e più pulita. Seguire le debolezze o lasciarsi andare rende una persona debole e vittima delle sue tossine.
L'impegno dei partecipanti e il supporto del gruppo permettono a ciascuno di superare gli ostacoli e di ottenere risultati di grande valore.

Lo spazio, il tempo e le regole

L'Intensivo predispone il contesto ottimale per la crescita dei partecipanti. Il team di assistenti organizza l'ambiente e si occupa di ogni esigenza. I partecipanti abbandonano le preoccupazioni quotidiane e si coinvolgono totalmente nelle loro sfide.
Il tempo è scandito da un orario giornaliero preciso: un cardine decisivo del corso. Esiste un importante principio di funzionamento: **controllare lo spazio e il tempo ci permette di controllare l'attenzione.**
Con la funzionale organizzazione dello spazio (la sede in cui si svolge il corso) e la gestione del tempo (l'orario giornaliero) si crea il contesto di sostegno ideale affinché i partecipanti si concentrino e pratichino la tecnica. L'attenzione concentrata e indirizzata per il tempo necessario produce i risultati voluti. Oltre a ordinare lo spazio e il tempo un terzo fattore si conferma decisivo per riuscire: guidare il comportamento.

All'inizio il docente spiega le regole del corso necessarie per funzionare e per raggiungere la meta. Le regole servono a indirizzare il comportamento in modo utile, a creare ordine e un'ottima sinergia. L'onestà e la disciplina nell'attenersi agli accordi ha un effetto immediato: dà efficacia e potenza alla tecnica. Nell'Intensivo le persone applicano la disciplina come abilità personale e come strumento per conquistare il fine che ognuno si pone: avere un'Esperienza Diretta.
L'attenzione, l'esuberanza e l'energia delle persone sono paragonabili all'acqua del fiume e per tutta la durata del corso sono incanalate nella tecnica. I partecipanti non si occupano d'altro come stringere nuove amicizie o apparire simpatici e affidabili; si dedicano solo al tentativo di vivere un'Esperienza Diretta. Scoprono così di non essere abituati a concentrarsi su qualcosa e che l'attenzione continuamente si sposta da un pensiero all'altro e da uno scopo all'altro.
La finalità dell'Intensivo è ottenere l'Esperienza Diretta. Il tempo, lo spazio e le azioni sono tutti indirizzati verso questo unico scopo. Concluso l'Intensivo ogni partecipante avrà tempo e modo di dedicarsi ad altri obbiettivi e, grazie alla nuova maturità acquisita, lo farà meglio.
A prescindere dalle distrazioni, che tentano di deviarlo dal viaggio intrapreso, il partecipante ha aderito all'Intensivo perché vuole ottenere l'Esperienza Diretta, è venuto al corso per questa reale motivazione. Ogni persona arriva all'Intensivo spinta da questa speranza, da questo intento.
Il team predisporrà ogni elemento necessario e lotterà per la meta, anche quando il partecipante la dimenticherà o non saprà come perseguirla.

La rigorosa disciplina dell'Intensivo mantenuta con l'orario, le regole e la tecnica, il controllo dello spazio, del tempo e del comportamento, garantisce a ogni partecipante un'alta probabilità di vivere l'Esperienza Diretta.

Il formato dell'Intensivo

Dalla sua ideazione anno dopo anno i docenti hanno ampiamente studiato e verificato il formato dell'Intensivo sino alla certezza che ogni tassello è ben calibrato e giustificato da una forte ragione d'essere.
Numerosi elementi pratici confermano l'utilità del formato dell'Intensivo. La maggior parte delle persone accetta l'idea di dedicare tre giorni a un corso residenziale e si organizza per allontanarsi temporaneamente dagli impegni quotidiani, mentre non riuscirebbe a mantenere una disciplina giornaliera per ottenere gli stessi risultati. Dedicare un fine settimana alla propria crescita è un progetto realizzabile, è un investimento su di sé che si può prendere in considerazione.
Altro fattore a conferma della validità del programma è che nell'Intensivo scatta un processo di crescita simile agli ingranaggi di un orologio: precise fasi si susseguono in ogni partecipante indipendentemente dall'età, dal carattere e dalle capacità di ciascuno. Doti personali come l'intelligenza, l'apertura e la volizione giocano un ruolo, ma tutti attraversano territori tipici in un ordine prevedibile.
Si inizia con un territorio positivo: il partecipante procede all'insegna di una motivazione forte, accompagnata da sin-

cero entusiasmo e da un impegno diligente, è pronto a fare e a dare tutto per raggiungere la meta. Vuole riuscire. Segue le indicazioni, è collaborativo, sostiene i compagni perché desidera che essi riescano a loro volta.
Dopo alcune ore si imbatte in un territorio negativo in cui regna la sfiducia. Qui dominano emozioni e giudizi dissuasivi, la paura di non riuscire, la credenza che ogni sforzo sia vano, la mancanza di voglia, la noia, voler mollare e occuparsi d'altro.
Un territorio dalle caratteristiche interessanti è la sonnolenza. All'inizio dell'esercizio un sonno incontenibile appesantisce le palpebre del partecipante, sonno che si dissolve di botto appena l'esercizio si conclude. Nella pausa il partecipante è di nuovo vigile e attento, ma all'esercizio seguente gli occhi si chiudono di nuovo. Nei tre giorni i partecipanti affrontano non solo la normale stanchezza del corpo, ma anche spazi di inconsapevolezza che per semplicità descriviamo come "non essere presenti". L'attenzione si ritira dall'esperienza del momento attuale, scompare, l'individuo scivola nel sonno. Nelle steppe della sonnolenza la crescita consiste in scegliere di restare presenti, voler continuare a essere in relazione e praticare la tecnica. Questo permette di superare l'incoscienza per poi ritrovarsi chiari, freschi e brillanti.
I partecipanti affrontano e attraversano molti altri territori e li trasformano ogni volta in un'esperienza formativa.
Nel complesso meccanismo dell'Intensivo si attivano numerosi processi di crescita, che dispongono del contesto ideale per svolgersi con precisione e successo; processi che una

persona da sola non sarebbe mai in grado di attivare e portare a compimento. Questo è un altro punto di forza nel formato dell'Intensivo: le persone si elevano a livelli inaccessibili durante la routine quotidiana. La portata dei risultati diventa poi nuova motivazione a procedere con un impegno ancora più acuto e volto al risultato.

Dopo osservazioni e sperimentazioni lunghe e accurate il formato attuale dell'Intensivo risulta ottimale.

I partecipanti hanno l'opportunità di compiere un viaggio completo: imparano la tecnica, stabiliscono una routine giornaliera, contribuiscono alla salute del corpo, puliscono la mente, instaurano relazioni profonde e di fiducia, giungono nella condizione ideale affinché l'Esperienza Diretta abbia luogo.

Vivere Esperienze Dirette rappresenta sia un alto valore che un'esigenza per ogni persona.

Ogni individuo per trovare l'equilibrio nella vita ha bisogno di sperimentare in modo essenziale se stesso, la vita e gli altri. Diversamente rimane nel dominio delle interpretazioni, di ipotesi e riflessioni mentali, che lasciano sempre incompletezza, inquietudine e insoddisfazione esistenziale.

L'Esperienza Diretta è un'esperienza di pura e totale consapevolezza.

Essere più consapevoli significa essere di più se stessi, o essere in modo completo se stessi. E questo è indispensabile.

Il Passo Pordoi è stato meta, negli ultimi 100 anni, di grandi imprese sportive che hanno esaltato e messo in rilievo le doti di persone straordinarie. Persone che hanno avuto il coraggio di trascendere i loro limiti per dare l'avvio a momenti indimenticabili nella storia dello sport.

Ancora una volta questo splendido luogo sarà il palcoscenico privilegiato di una grandissima impresa umana: conoscere sé stessi.

La via verso sé stessi può essere a volte ardua come la più impegnativa delle salite.

La conquista di sé, soddisfacente come la più alta delle vette.

Ogni salita affrontata ed ogni vetta toccata, perseguite con la giusta consapevolezza, ci trasformano in persone più mature, più elevate.

Allo stesso modo, la via verso il conoscersi e la meta, conoscersi, agiscono in noi come un potente strumento evolutivo che permette di attraversare la vita con rinnovato entusiasmo e nuova maturità.

Poter condurre gli Intensivi è un onore, una responsabilità, la cosa più difficile, impegnativa e bella che una persona possa fare nella vita.

Sergio Marcellin

3

L'Esperienza Diretta: scoperta della completezza esistenziale

Sento me, sento l'altro, sento la vita e coincidono

– Luisa Mazzon –

Il fine dell'Intensivo sull'Essere Consapevole è l'Esperienza Diretta. Molte parole e concetti la spiegano e la illustrano, eppure essa rimane fondamentalmente indescrivibile. Per conoscerla serve che la si sperimenti in prima persona. L'importanza, il valore, la bellezza dell'Esperienza Diretta sono tali da meritare ogni sforzo necessario per raggiungerla.
L'Esperienza Diretta si conferma un bene umano che ogni individuo dovrebbe ricercare e ottenere per vivere l'esistenza con completezza. Pur essendo un'esperienza che occorre provare in prima persona, è anche indispensabile comprenderne la natura, il potenziale, il ruolo e le conseguenze sulla persona, e di riflesso sulla qualità della vita e sulla società.
Le esperienze che attraversiamo ogni giorno sono processi: avvengono tramite la percezione degli organi di senso, il movimento degli organi d'azione e attraverso le facoltà mentali, come pensare, elaborare i dati, immaginare e tante altre.

Le componenti di queste esperienze sono: soggetto, oggetto e processo di percezione.
In ogni esperienza esiste un soggetto che esperisce (io), l'oggetto percepito (es. l'albero) e il processo di percezione (guardare l'albero). Il soggetto e l'oggetto percepito sono distinti e separati, mentre il processo di percezione svolge la funzione di conoscere in una certa misura l'oggetto.
Definiamo *duale* la natura di queste esperienze. Essa si fonda su due poli separati:
"io" – colui che sperimenta l'evento
"non io" – l'oggetto che viene percepito e conosciuto.
Tutti i processi cognitivi si fondano su questa semplice dinamica, presente in modo così capillare e universale da sembrare l'unica matrice possibile.
Quando nell'esperienza disponiamo di una sufficiente quantità di conoscenza, siamo in grado di instaurare scambi costruttivi tra "io" e "non io"; quando invece la conoscenza manca, è parziale, incompleta o errata, tra i due poli si instaurano la divergenza, l'incomprensione e il conflitto.
Ogni giorno si sperimentano molte esperienze duali nelle loro diverse declinazioni, attraverso il corpo, con la percezione dei sensi, con le azioni e attraverso i processi della mente: il ragionamento, la riflessione, la deduzione, la comunicazione, sentire emozioni, immaginare, inventare, fantasticare, intuire e tanti altri.
L'essere umano è dotato di un ulteriore potenziale radicalmente diverso da qualunque esperienza duale: vivere le Esperienze Dirette. Esse emergono dall'individualità consapevole, dall'identità essenziale: il nostro Essere che *sa di essere*.

A differenza delle percezioni di natura duale, queste sono esperienze di *unione*. Soggetto e oggetto non sono separati, non c'è nessun processo di percezione; al suo posto si manifesta un naturale stato di unione. L'esperienza avviene nella dimensione dell'essere consapevole, priva di processi, priva di punti conformanti la dualità, senza separazione tra sé e altro da sé.

Le Esperienze Dirette avvengono all'interno di un campo di attenzione, dove il tutto viene contemplato e percepito come un *monopolo, un'unica sostanza* non diversa e non distinta dal soggetto che la percepisce e ne è consapevole.

Riconoscendo i due processi cognitivi (Esperienze Indirette ed Esperienze Dirette), possiamo maturare e affermare due stati: "io so" e "io sono". Studiare e imparare ci permette di "sapere", avere Esperienze Dirette ci rende consapevoli, "essere". La loro somma è una consapevolezza inedita: io so di essere, io so di decidere, io so di agire...

Quanto è necessario che ogni persona maturi capacità fisiche e cognitive, che acquisisca informazioni sul mondo in cui vive, altrettanto è necessario che essa conquisti Esperienze Dirette. Queste si manifestano con uno stato di unione intima con il mondo di cui la persona è parte.

Le Esperienze Dirette non costituiscono un elemento in più, un *quid pluris*, un'aggiunta. Esse sono un bene umano che ci appartiene, una parte fondante, essenziale, indispensabile quanto irrinunciabile.

Un individuo, che non sperimenta il processo cognitivo Diretto, rimane privo di una parte fondamentale della sua umanità, anche se non ne è consapevole.

Come un corpo privo dalla nascita di un canale sensoriale non sa di essere in difetto e si abitua a compensare con i sensi attivi, allo stesso modo la persona può considerare normale e completa la sua umanità, pur avendo una parte che non è mai stata conosciuta né esperita direttamente.
L'Esperienza Diretta manifesta la natura essenziale dell'individuo consapevole. La sua qualità principale è lo stato di unione, la non separazione tra soggetto e oggetto.
Il senso di unione è totalizzante e realizzante. Emana un senso di pienezza interiore, dona alla persona la chiave per maturare il senso di completezza esistenziale. Nello stato di unione prendono forma qualità soggettivamente assolute come la libertà, l'amore incondizionato e la certezza nelle proprie scelte.
La maturità personale che ne deriva permette di sostenere gli eventi della vita quotidiana in modo inedito e di coinvolgersi nella situazione presente senza esserne limitati.
Ogni sforzo profuso nell'Intensivo punta a questo unico scopo: che i partecipanti abbiano Esperienze Dirette. Non esistono altre finalità, intenzioni e mete. Soltanto un'unica finalità: le Esperienze Dirette. Questa chiarezza e questa purezza sono un punto di forza dell'Intensivo stesso.
Per i partecipanti la sfida è raggiungere le Esperienze Dirette. Per il team che lo conduce la sfida è sostenere i partecipanti lungo il viaggio. Le sfide sono un ingrediente inevitabile, perché la crescita è per definizione la conquista di qualcosa di nuovo.
È impossibile definire l'Esperienza Diretta, ma alcune parole possono aiutare. Io uso l'espressione Esperienza Diretta co-

me definizione, anche se imperfetta, perché la parola "esperienza" indica comunque un processo, qualcosa che ha luogo e qualcuno che lo esperisce.
Quando guardiamo il muro è attivo il processo della visione: la superficie del muro riflette la luce, la luce entra nell'occhio e colpisce la retina, le cellule della retina trasmettono al cervello le informazioni, che passano a quattro o cinque diversi sotto-centri per terminare al centro interpretativo. Questo è un processo. Guardare un muro non è un'Esperienza Diretta.
Abbiamo anche il processo del ragionamento: "Che cos'è un muro? È una barriera formata da mattoni e cemento, è un elemento portante dell'edificio." Con il ragionamento giungiamo a una conclusione su che cosa sia un muro. Pensare logicamente, riflettere, ricordare sono tutte esperienze duali, perché accadono mediante un processo.
Nella lingua italiana non esiste una parola che designi un'esperienza che avvenga senza alcun processo; per questa ragione usiamo l'espressione Esperienza Diretta anche se imperfetta. Le parole servono solo a indicare la direzione, proprio come il nome sul segnale stradale non è la destinazione. I vocaboli *Esperienza Diretta* non descrivono e non possono descrivere quello che essa è, perché implicano un paradosso: descrivere un'esperienza senza processo. Come dire che si tratta di "un'esperienza senza esperienza".
Le parole servono per indicare un possibile viaggio, sapendo che la persona conoscerà davvero soltanto dopo aver raggiunto la meta. Come conosceremo una città visitandola, non leggendo il nome sul cartellone stradale.

Nello stato di Esperienza Diretta non c'è differenza tra ciò che si sperimenta e *chi* lo sperimenta. Non c'è alcuna differenza, sono in unione. Non esiste separazione tra colui che sperimenta e la cosa sperimentata. Sono la stessa sostanza. Questa è la caratteristica fondamentale. Esistono percezioni soggettive e variabili, per esempio la sensazione che manchi un accesso all'esperienza, come se essa accadesse da sé, senza che la si possa provocare o determinare, senza che ci sia un percorso per ripeterla.
È l'assoluta "cosa in se stessa", è l'individuo stesso, non c'è differenza tra lui e l'oggetto esperito.
Sono assenti le sensazioni, i ragionamenti, le logiche e le spiegazioni. Scompare anche la percezione del tempo. Diciamo che è una condizione senza tempo.
L'individuo percepisce lo stato di coscienza indifferenziata come qualcosa che ha sempre saputo, ma non sapeva di sapere. È semplicemente così. Non si prova nemmeno la sensazione di aver trovato qualcosa, perché si è assolutamente certi di essere stati sempre questo.
È la Verità essenziale e fondamentale di noi stessi.
È la Verità di noi priva di connotati, priva di tempo e di spazio, che ci stupisce con la sua fragranza di eternità soggettivamente assoluta.
Non esistono forme verbali adatte a definire questa esperienza. Accade che qualcuno non sappia esprimere a parole quello che ha esperito, ma non è un errore. Solo perché non trova le frasi adatte non significa che non abbia avuto un'Esperienza Diretta. Significa solo che non ne sa parlare con fluidità.

Come riconoscerla se mancano i vocaboli capaci di descriverla? Attraverso la pura presenza, senza usare processi d'interpretazione. Anche senza parole possiamo essere ed esprimere l'indicibile.

Ci sono gradi diversi di intensità, profondità e modalità espressive, ma esiste un solo tipo di Esperienza Diretta, la verità essenziale di un'individualità consapevole.

Secondo la sua indole una persona usa certe parole e un'altra adotta parole diverse, ma entrambe esprimono "correttamente" l'Esperienza Diretta, che rimane in ultima analisi indescrivibile.

Nessuno perde l'Esperienza Diretta vissuta.

Qualcuno sarà più capace di trasmetterla in maniera appropriata nella vita, ma un'esperienza di questo tipo non si perde mai, in nessuna circostanza.

Nei giorni e mesi seguenti, se mancano relazioni profonde, aperte e consapevoli, forse il soggetto perderà in parte la capacità di esprimere e di applicare la consapevolezza esperita, ma è anche vero che egli può attingervi in ogni istante come a una sorgente perenne.

I pensieri e i sentimenti appaiono e scompaiono, durano quanto durano. Le Esperienze Dirette sono permanenti, soggettivamente assolute e naturalmente stabili. La persona, che diviene direttamente consapevole, non torna più indietro. La strada ha una sola direzione.

...me stessa senza niente altro...
tutto molto semplice e chiaro.

Daniela

È straordinario scoprire che quello che cerchi, forse da sempre, per stare bene, per avere una direzione propria, c'è già. Dentro te! In un attimo tutta la separazione fra me e me stesso, fra me e gli altri, fra me e l'universo svanisce. Solo Unione.

Marco Meo

...dopo tanta comunicazione mi ritrovo in uno spazio nuovo, in una nuova condizione di totale neutralità, niente oggetti, niente barriere, niente valenze, nessuna tonalità, solo silenziosa neutralità.
È spiazzante, è prima del pensiero, è prima della scelta, prima dell'azione, semplicemente È, e io sento intimamente che semplicemente sono.
Tento di comunicarla e di spiegarla meglio possibile per renderla comprensibile ma ogni parola già la limita.

Simone Berniga

4

Il metodo dell'Intensivo

Se non cambiamo, non cresciamo.
Se non cresciamo, non viviamo davvero.

– Anatole France –

L'Intensivo nasce da una pura intuizione. In origine fu come una pietra preziosa: il minatore che camminava nelle profondità della miniera inciampò, cadde, batté la fronte sui suoi duri spigoli e infine, suo malgrado, se la trovò tra le mani. Era una pietra grezza, opaca e di forma irregolare ma, poiché era un minatore esperto, la riconobbe subito: la pietra più grande, bella e preziosa che mai avesse trovato nella sua lunga carriera di esploratore delle profondità umane. Il minatore affidò la pietra grezza a mani esperte affinché la tagliassero, la sfaccettassero, la lucidassero sino a farla splendere e infine la incastonassero al centro di una corona reale.
Se il ritrovamento nelle oscure profondità della miniera è assimilabile all'intuizione che ha portato alla luce l'Intensivo, le mani sapienti che per un decennio hanno tagliato, sfaccettato e lucidato la pietra, trasformandola in un gioiello d'i-

nestimabile valore, sono paragonabili alla formulazione del suo metodo. Un metodo tanto semplice quanto straordinario che fa dell'Intensivo una corona reale, che ogni partecipante ha l'opportunità di posare sulla sua testa assaporandone tutta la regalità e la preziosità.

Come la forma e le caratteristiche della pietra grezza suggeriscono all'intagliatore di gemme il modo di tagliarla e sfaccettarla per dare maggiore risalto delle sue qualità intrinseche, così è stato proprio l'Intensivo, nei primi dieci anni di sperimentazione, a suggerire gradualmente il percorso da seguire per arrivare al massimo della sua potenzialità. Oggi, dopo trent'anni di lavoro, disponiamo di un metodo collaudato e di una scuola che garantisce lo standard nella pratica e nella diffusione. Oggi possiamo donare a ogni partecipante motivato una corona reale d'inestimabile valore: l'Intensivo sull'Essere Consapevole, un metodo raffinato e collaudato, che spicca per la sua unicità.

Unicità perché ogni Intensivo è unico e irripetibile, proprio come ogni individuo con la sua espressione.

Unicità rispetto ad altri metodi, perché è originale e attuale, perché è nuovo e risponde in modo esatto al bisogno di crescita dell'uomo contemporaneo.

Il metodo costituisce la forza motrice dell'Intensivo, senza di esso non apparirebbe alcun gioiello. La pietra grezza non può impreziosire la corona. Per analogia il corso, senza il metodo, non farebbe emergere la brillantezza dell'individuo. Mentre l'Esperienza Diretta è la meta, che definisce che *cosa* vogliamo ottenere, il metodo dell'Intensivo è la strada: *come* riuscire.

Talvolta le persone vorrebbero il risultato senza un metodo e addirittura senza impegno. L'Intensivo insegna ad apprezzare il metodo, a capire la sua utilità e funzionalità; forgia l'attitudine a ottenere successi con le proprie forze.
Il metodo è un procedimento corretto che garantisce il risultato. Più una persona adotta e applica con precisione metodi corretti, maggiori e migliori risultati ottiene. Vale anche la logica inversa: quando la persona incappa nell'insuccesso, è segno inequivocabile che non si è avvalsa di una procedura adeguata alla finalità e al contesto.
Il metodo dell'Intensivo si compone di un insieme di elementi: l'orario, le regole, la tecnica e le relazioni di alta qualità.
Il metodo dell'Intensivo, come il metodo scientifico, è coerente e ripetibile: attuando le azioni corrette si consegue il risultato voluto.
I criteri fondanti della funzionalità del metodo sono razionali, obbiettivi e verificati. La struttura dell'Intensivo è composita perché considera e rispetta ogni categoria esistenziale: il corpo, la mente, i sentimenti, l'individuo consapevole, le relazioni e l'ambiente circostante.
Il metodo tiene in grande considerazione fattori di diversa natura così da creare un ecosistema equilibrato. Possiamo dire un universo umano in miniatura, una bolla spazio-temporale autonoma e completa.
Il partecipante che si addentra nell'Intensivo ha l'impressione d'intraprendere un viaggio, come se salisse su un veicolo ed esplorasse diversi spazi e tempi: innumerevoli atteggiamenti e modi di essere, ricordi, desideri per il futuro, pen-

sieri e sentimenti infiniti, che scorrono senza sosta seguendo logiche imprevedibili. A mano a mano che si procede, il viaggio diviene sempre più complesso e articolato, perché le dinamiche personali s'intrecciano con le storie e le vicende degli altri partecipanti, occasionali ma ben presto intimi compagni di viaggio.
Mentre programmare e munirsi di regole sono elementi acquisiti nella nostra società, due sono i cardini innovativi del metodo dell'Intensivo: le relazioni umane di alta qualità e la tecnica di crescita.
Si tratta di cardini indispensabili quanto indissolubili; l'uno senza il supporto dell'altro risulterebbe insufficiente e inefficace. Di più, sono indispensabili e indissolubili per ogni partecipante e per tutto il gruppo. La loro somma origina un'efficacia straordinaria e crea uno strumento eccellente per attivare e per realizzare la crescita personale.

Relazioni umane di alta qualità

La linfa vitale dell'Intensivo scorre nelle relazioni umane di alta qualità.
Il gruppo di partecipanti ha il compito di sviluppare un'interazione sana, vera, autentica, libera da giudizi e ferite, dove l'impegno e il successo di uno sia di sostegno agli altri.
Questo non è scontato perché ogni giorno la maggior parte delle persone adotta strategie come nascondersi, risparmiarsi, essere prevenuta o sleale, trattenersi o all'opposto reagire senza rispetto verso gli interlocutori.

Altrettanto diffusa è la tendenza ad assumere il ruolo di osservatore distaccato e prima di esporsi aspettare che siano gli altri a definirsi e a prendere posizione. Le persone di norma tentano e provano con maggiore o minore determinazione, ma di rado lottano con tutta la forza per ottenere un obbiettivo preciso.

Quotidianamente nelle relazioni avvengono numerosissime ferite: ferite che ledono fisicamente, verbalmente, emozionalmente e anche offendono la dignità dell'individuo. La somma di tante ferite crea un clima ostile che induce a difendersi. Si arriva così al paradosso: le persone aggrediscono gli altri come azione preventiva per non essere colpiti. Sono azioni che riconfermano il modello applicato e peggiorano l'atmosfera di ostilità.

Fra le "patologie" pesanti spicca il giudicare, azione che infetta letteralmente i rapporti. I giudizi, benché si possano confermare veri e non lesivi, risultano spesso separanti. L'Intensivo disinnesca questo impianto consolidato e avvia una dinamica di relazione di nuova portata, spesso ignota ai partecipanti. A tutto il gruppo è assegnato il compito di conquistare relazioni di alta qualità, nelle quali praticare la tecnica e ottenere l'Esperienza Diretta. Se mancasse la fiducia vicendevole, la tecnica rimarrebbe sterile e i risultati irrisori. Se paragonassimo la tecnica a un pesce, il suo mare sarebbe l'insieme delle relazioni di alta qualità che si sviluppa all'interno dell'Intensivo.

La tecnica dell'Intensivo

Comprendere e saper applicare la tecnica con costanza ed efficacia permette di attraversare l'Intensivo nel modo giusto e di raggiungere la meta: l'Esperienza Diretta.
Per questo la tecnica è il secondo cardine dell'Intensivo.
È necessario che ogni partecipante comprenda la tecnica nella sua azione esatta e specifica. La massima efficacia proviene dall'usare le proprie abilità e sommarle alle abilità della persona con cui si pratica l'esercizio. Occorre mantenere l'applicazione corretta e raggiungere una massa critica di intensità, purezza e durata. Da principio non tutti dispongono delle abilità necessarie, o non sono abituati a usarle in modo preciso e costante. Ancora più ardua è l'impresa di creare un punto di contatto: usare le proprie abilità mentre anche il partner dell'esercizio lo sta facendo, nello stesso momento.
Le abilità necessarie sono poche ma indispensabili, irrinunciabili. Spicca tra tutte **l'attenzione**, abilità principe di tutti i processi cognitivi indiretti e diretti. Segue **la concentrazione,** volontà di mantenere l'attenzione sull'oggetto scelto. Sulla base di attenzione e concentrazione si sviluppa **l'intenzione** che è una spinta volontaria e consapevole.
Ulteriore e cruciale abilità è **l'apertura**: essere aperti agli altri, sentire, esprimere, accogliere, dare e ricevere.
I partecipanti durante tutta la durata dell'Intensivo coltivano senza sosta l'attenzione, la concentrazione, l'intenzione, l'apertura e la comunicazione in relazioni di altissima qualità; le coltivano con intensità, purezza e durata tali da portare a una transizione che schiude porte interiori solitamente chiuse.

Il ricercatore pratica la tecnica dell'Intensivo con l'intento di vivere direttamente l'oggetto della sua ricerca, per esempio se stesso. Egli è aperto, riconosce e accetta quello che emerge come conseguenza dell'intento e lo comunica al partner con cui svolge l'esercizio. Ricerca e comunica la verità di sé, momento per momento, con sincerità e coerenza.
La persona praticando la tecnica e originando vere intenzioni attiva in sé una serie di processi. Emergono in lei sia le parti positive che quelle negative, le sue doti, le ambizioni per il futuro, i desideri inespressi e gli eventi irrisolti del passato. L'onestà e la fiducia reciproche fra i due partecipanti permette in ciascuno l'affiorare di contenuti irrisolti rimasti a lungo bloccati nell'interiorità e ormai inconsci. Si tratta spesso di contenuti sgradevoli dai quali siamo fuggiti in passato e che abbiamo rimosso perché risultavano sopraffacenti, insostenibili, inaccettabili, o incomprensibili.
Quando sopraggiungono contenuti di tale natura è indispensabile che la persona continui a mantenere alto il livello delle relazioni e della tecnica, perché così essa potrà esprimerli, affrontarli e infine risolverli. Solo allora questi si trasformeranno in ricordi liberi, senza potere condizionante o limitante. Diverranno una parte della storia personale, un passato che insegna una lezione ma non preclude nuove opportunità.
Senza un contesto improntato a relazioni di alta qualità l'individuo non permetterà che emergano i suoi irrisolti oppure, se questo accadrà, non sarà capace di fronteggiarli e ritornerà a rimuoverli e a reprimerli.
La spinta veicolata dall'intenzione di vivere direttamente se stessi, il flusso crescente di attenzione, la costante apertura

e il contatto con un altro in una relazione di alta qualità si sommano come in una formula matematica. Si attivano così i processi di crescita della persona.

La spinta dell'intenzione crea un moto in avanti, l'attenzione e l'apertura fanno emergere la verità di sé in tutta la gamma delle sue sfaccettature, la relazione autentica permette di sostenere il processo e di continuare.

Esploriamo anche l'opposto: in mancanza di intenzioni non ci spostiamo, rimaniamo nel punto dove siamo senza cambiamento. Se siamo chiusi e la nostra attenzione vaga distrattamente non vediamo la verità, ci assalgono dubbi e incertezze. Se siamo soli o abbiamo rapporti conflittuali smettiamo di impegnarci e rinunciamo.

La tecnica può apparire semplice, al contrario è assai raffinata, efficace, innovativa. È uno strumento formativo perché consente a ogni persona di raggiungere livelli sempre nuovi di chiarezza e di maturità.

Insegna a riconoscere la verità di sé, le proprie eccellenze e i traumi vissuti. Insegna a dire la verità, senza alterarsi, senza ingigantire né sminuire se stessi. Indica la strada per fare emergere, per confrontarsi e per non sfuggire più gli eventi irrisolti del passato. Conduce per mano il partecipante sino a una scoperta meravigliosa: egli può essere vero e coerente, momento per momento. È una delle grandi gioie nell'esistenza!

Portare la verità di sé in una relazione equivalente e ricevere l'autentica verità degli altri, questo è il metodo unico dell'Intensivo sull'Essere Consapevole.

L'Intensivo così strutturato riesce realmente ad arrivare nel profondo, cosa che sinceramente non mi aspettavo fino a questo livello. L'esperienza è potente, ed il contatto umano del tutto particolare; le persone si conosco immediatamente senza maschera attraverso le loro pene e i loro conflitti.

Luca

I tre giorni sono stati molto faticosi, per me specialmente sul piano fisico, in quanto mi sono portata delle barriere molto pesanti; ma proprio il modo in cui è organizzato l'Intensivo mi ha dato la possibilità di superare queste barriere.
Il corso è strutturato in maniera eccellente fino al minimo dettaglio, dalle regole rigorose e indispensabili alla particolare attenzione verso i bisogni individuali dei partecipanti fin dove è possibile. Mi sono sentita accudita, protetta e amata. Grazie.

Sieglinde Gorfer

Ho sperimentato che l'attenzione è lo strumento che utilizzo per esperire l'oggetto; più alta è l'attenzione sull'oggetto e meno la mia mente ha spazio per interpretarlo. La quantità di attenzione è inversamente proporzionale alla quantità di mente e quindi di giudizio. L'attenzione è guidata dalla mia scelta e vince le distrazioni ed i contenuti della mente. Attraverso la scelta mantengo l'attenzione sull'oggetto che desidero vivere direttamente.

Giuseppe Stopiglia

5

La tecnica dell'Intensivo

E quando penso sia finita è proprio allora che comincia la salita.
Che fantastica storia è la vita.

– Antonello Venditti –

La tecnica dell'Intensivo è assai efficace *se* il partecipante si impegna ad applicarla correttamente. Disponiamo di uno strumento straordinario di crescita abbinato a un'incognita insondabile: "se". In base all'esperienza maturata in trent'anni di pratica ho riscontrato che quando il partecipante applica la tecnica raggiunge l'Esperienza Diretta dopo un giorno e mezzo di lavoro. Sembra quasi impossibile eppure accade così, ma a una condizione: che il partecipante applichi la tecnica in modo corretto, intenso e costante.
Il partecipante si imbatte in due difficoltà: comprendere la tecnica e applicarla nonostante le barriere che ostacolano la pratica. Il partecipante ha anzitutto il compito di comprendere che cos'è la tecnica e quindi darsi con il massimo impegno per superare le barriere fisiche, emotive e mentali che insorgono quando tenta di applicarla.

La tecnica dell'Intensivo è composta da tre elementi:
1. **intento di vivere direttamente**
2. **apertura**
3. **comunicazione.**

I tre elementi sono equivalenti, sono tutti ugualmente importanti e la loro somma è il fattore che la rende efficace.
Il motore propulsivo della tecnica è *l'intento di vivere direttamente* e il maestro che conduce l'Intensivo lo spiega e rispiega più volte, sino a che l'intento diventi consapevole, reale e pienamente conosciuto.
Si comincia con il quesito essenziale: "Chi sono io?"
Il partecipante porta l'attenzione su di sé, su chi è in questo preciso istante e fa l'intento di vivere direttamente se stesso. Tenta di vivere direttamente senza alcun processo, senza sentire, pensare, immaginare.
Il partecipante è aperto a qualsiasi cosa possa accadere nella sua consapevolezza come risultato dell'intenzione di esperire direttamente se stesso. Riconosce il contenuto che appare e comunica che cosa è emerso come conseguenza del suo intento. Poi daccapo porta l'attenzione su di sé e fa l'intento di viversi direttamente, senza alcun processo.
La tecnica educa l'attenzione a essere e a rimanere focalizzata su se stessi e avvia un percorso di crescente conoscenza di sé.

L'intento di vivere direttamente

L'intento è il primo elemento della tecnica ed è un atto interiore, è l'azione di vivere se stessi in modo diretto, senza alcun processo. Senza sentire, percepire, pensare, immaginare se stessi.
L'intento non è un desiderio: "Vorrei vivere me stesso in modo speciale". L'intento non è una speranza: "Sarebbe bello scoprire qualcosa di me..." L'intento non è un pensiero: "Penso a come sono". L'intento non è un ragionamento: "Tento di capire chi sono".
L'intento è un'azione concreta, un fare. Include l'impegno, la dedizione, l'agire per ottenere un risultato.
Il primo gradino della tecnica è fare l'intento di vivere direttamente, in modo intenso e sincero, al meglio possibile momento per momento.
All'inizio l'ego indugia, non vuole impegnarsi senza riserve, non vuole darsi al massimo perché potrebbe fallire. Trova giustificazioni e scuse d'ogni genere pur di non dare il 100%. L'ego non ama gli insuccessi e non ama rimanere a mani vuote. Non vuole cimentarsi se l'esito è incerto, teme che l'ipotesi di rimanere deluso o frustrato diventi realtà. Crede – e sbaglia – che l'insuccesso non gli procurerà dolore se non si sarà impegnato veramente. La logica dell'ego è: "Se faccio e non ottengo, crolla tutto." Si tratta di un atteggiamento obsoleto che bisogna superare: "Se faccio e non ottengo, allora farò ancora fino a ottenere!" Questa è la logica adatta a raggiungere risultati e la piena soddisfazione che li accompagna.

La tecnica dell'Intensivo è una tecnica della volontà, perciò serve che il partecipante la attivi nella sua intera potenzialità. La volontà è uno strumento potente che occorre usare con precisione e forza. Se si usa la volontà in modo fiacco, svogliato, impreciso o debole si scivola in un controsenso.
Volere racchiude uno straordinario potenziale umano perché ci collega alle nostre azioni: io voglio = io agisco.
Eppure molti non imparano a utilizzare in modo corretto la volontà o non la traducono completamente nelle azioni. Da un lato si limitano a rincorrere desideri e dall'altro si impongono di agire per costrizione. L'errore più frequente e pernicioso è affrontare le esperienze in modo debole, parziale, discontinuo senza liberare al 100% la propria forza.
A volte la persona frena la sua volontà perché esporsi le sembra sconveniente o azzardato e preferisce aspettare le azioni e il consenso altrui, preferisce "salire sul carro dei vincitori", invece di agire in prima persona per vincere.
Talvolta le persone si trincerano dietro alla mancanza di risorse: "Non posso". In parte è vero, le risorse hanno un limite, eppure esiste anche una verità diversa: quanto una persona può fare e può dare dipende anche da quanto vuole. Volere di più, corrisponde a poter fare e dare di più. Occorre che il partecipante potenzi e si avvalga della volontà per applicare la tecnica, per fare l'intento. Ogni progresso nel guidare la volontà si rifletterà immediatamente nel progresso della tecnica e nei corrispondenti risultati. In che modo il partecipante si dovrebbe comportare per ottenere un tale progresso?
La chiave sta nel mettere la volontà nel fare l'intento di vivere direttamente il proprio oggetto.

Che cosa significa "direttamente?" Non esiste un modo migliore per spiegarlo. Possiamo cercare altri termini e concetti, ma alla fine il partecipante dovrà accontentarsi del significato essenziale della parola "diretto". Possiamo anche definirla in negativo dicendo che è *senza processi.*

Nell'Intensivo i partecipanti spesso si sentono smarriti rispetto al "diretto" e chiedono come fare, domandano che cosa significa vivere direttamente. La risposta resta la stessa: "Fare l'intento di vivere direttamente il proprio oggetto". Bisogna fare esattamente questo: l'intento di vivere direttamente chi sono io in questo preciso momento, proprio colui che non sa come fare, colui che è disorientato.

Il disorientamento è reale perché la strada che conduce all'Esperienza Diretta di fatto non esiste e bisogna che ogni partecipante la costruisca proprio con lo sforzo di tentare, anche quando non è chiaro "come" farlo. Infatti non è la chiarezza che traccia la strada mancante, ma lo sforzo di andare in quella direzione.

Benché impreciso, **lo sforzo è cumulativo e auto correttivo**. Avvia un processo di graduale ma costante avvicinamento alla corretta pratica della tecnica, come una pallina che gira nell'imbuto e sempre più si avvicina al centro.

Fare l'intento significa voler ottenere qualcosa, avere uno scopo e investire tutta l'energia che il partecipante ha a sua disposizione per ottenerlo. Questo è diverso da pensare. Comodamente seduti sul divano possiamo pensare quanto sia importante e magari anche urgente che riordiniamo e puliamo la stanza: pensiamo e pensiamo, ma non agiamo. L'intento è alzarsi e fare, anche senza pensare.

L'intento è operativo: è azione.

La maestria consiste nel continuare ad agire in modo sempre uguale e al contempo in modo sempre nuovo. Sembra un paradosso.

Fare sempre lo stesso intento eppure scoprire in sé una motivazione che di continuo si rinnova, capace di alimentare l'intenzione di vivere direttamente chi siamo, momento per momento, in ogni condizione, anche quando il disorientamento, la confusione, l'insicurezza o il dubbio prendono il sopravvento.

Con la logica qualcuno potrebbe dedurre che è impossibile "vivere direttamente" dal momento che non esiste un modo per farlo. In un certo senso avrebbe ragione, perché nel vivere le nostre esperienze in modo duale, attraverso una serie di processi (percepire, ragionare, parlare) non è contemplato vivere direttamente. Non disponiamo di altri termini nella lingua italiana, non rinveniamo altri modi per spiegarlo. Eppure l'Esperienza Diretta esiste ed è reale. E di più, quando una persona esperisce un attimo in modo diretto, esso è per lei infinitamente più vero e reale della realtà conosciuta con la modalità duale, perché quest'ultima ci tiene sempre inesorabilmente esclusi e separati dall'oggetto della nostra indagine.

Le parole "Esperienza Diretta" indicano ciò che è l'esperienza nella sua essenza, escludendo ogni processo di percezione e di elaborazione. Compito del partecipante è fare l'intento di vivere direttamente l'oggetto che rappresenta il suo obbiettivo di ricerca.

L'apertura

La seconda componente della tecnica dell'Intensivo è l'apertura. La più bella definizione dell'apertura è semplicemente: **essere aperti**. Permettere che avvenga una comunicazione naturale e completa con gli altri, senza chiudersi. Accettare gli altri, accoglierli, mostrarsi, accettare se stessi, esprimere i propri pensieri ed emozioni.

Essere aperti significa non avere preconcetti, non essere rigidi, mettersi in discussione. Essere aperti vuol dire anche dare e ricevere. Il partecipante fa l'intento di viversi direttamente ed è aperto a qualsiasi cosa possa accadere nella sua consapevolezza come risultato del suo tentativo.

Non è facile descrivere il termine "aperto", eppure si tratta di una parola semplice, alla portata di chiunque. Spesso accade che i partecipanti non ne colgano il vero senso e non sappiano agire di conseguenza. Non esiste un sinonimo che spieghi meglio l'apertura. S'intende proprio il significato ordinario, quotidiano, quello conosciuto e condiviso da tutti.

Quando apriamo una porta, la porta è aperta. In modo analogo anche gli individui sono umanamente aperti o chiusi. Con la nostra sensibilità riconosciamo quando siamo aperti o chiusi e percepiamo con chiarezza quando gli altri sono aperti o chiusi. Notiamo delle dinamiche relazionali specifiche se noi e gli altri siamo aperti; se noi e gli altri siamo chiusi, e persino, cosa non difficile, se l'uno è aperto e l'altro chiuso.

Nella condizione di apertura e di chiusura ci sentiamo, pensiamo e parliamo in modo diverso. La disponibilità di dare e l'aspettativa di ricevere si trasformano.

L'apertura è una condizione da sperimentare in ogni direzione: permetterci di essere come siamo, sia quando emergono eccellenze, sia quando ci imbattiamo in vissuti dolorosi o imbarazzanti che eviteremmo volentieri. Apertura verso gli altri, sia quando sono più bravi di noi, sia quando affrontano aspetti difficili del loro carattere o della loro storia. Apertura verso la vita, verso la realtà, verso quello che accade e non accade. Apertura verso la tecnica, verso l'Intensivo e ultima, ma non per importanza, apertura anche verso l'Esperienza Diretta.

I partecipanti sovente credono, o temono, di non riuscire nell'impresa. È una forma di chiusura, manca loro essere aperti alla possibilità che giungeranno a destinazione.

Anche giudizi e preconcetti rappresentano un'ambigua forma di chiusura, che consiste nel negare a priori qualcosa. Le persone, di norma in modo poco consapevole, alimentano una grande varietà di preconcetti su chi e che cosa sono e su che cosa dovrebbe essere l'Esperienza Diretta di sé. I loro preconcetti possono anche contenere qualcosa di giusto, ma per quanto riguarda l'Esperienza Diretta si confermano sempre sbagliati, perché le idee in quanto idee sono duali e non la verità diretta di sé.

L'esperienza diretta non è un'idea; è un fatto di pura coscienza, un fatto reale e assolutamente inedito per la mente umana.

L'apertura può apparire semplice eppure non lo è, in quanto le persone sono invischiate in molte idee preconcette su se stesse, sulla vita e sugli altri. Vogliono essere in un modo e non in un altro, pertanto essere aperti a quello che emerge come conseguenza dell'intento non si conferma affatto ba-

nale, rappresenta una vera sfida. Molti partecipanti "pensano prima" quello che vogliono dire, elaborano quello che "vogliono che sia" la conseguenza del loro intento, mancando così l'appuntamento decisivo con l'apertura.
Anche essere aperti all'Esperienza Diretta si rivela spesso un enigma. I partecipanti trascorrono molto tempo praticando la tecnica ma, poiché sono convinti che comunque lo sforzo rimarrà vano, si chiudono al risultato. Talvolta addirittura lo ottengono ma non lo riconoscono.
La mente alimenta ogni genere di idea e la mente, in qualche modo, si impone con le sue impressioni nello spazio della consapevolezza tentando, e spesso riuscendo, a occuparlo completamente. Riempiendolo, gli si sovrappone. Il ricercatore non rivolge attenzione alla sua natura essenziale, viaggia nella mente ed elabora idee su se stesso, ma non si occupa realmente di sé. La persona si ritrova così a possedere ogni sorta di informazione, sembra che sappia tutto, tuttavia non si conosce, non sa chi è.
Avete mai osservato che nella vostra mente potete avere una cosa o un'altra? Il contenuto sotto i riflettori dell'attenzione cambia. Potete prendere un argomento presente nei vostri ricordi e portarlo nello spazio della coscienza. Che cosa accadrebbe se voleste per un attimo lasciare la vostra mente vuota prima che si affacci un contenuto? Che cosa accadrebbe se voleste avere solo voi stessi nello spazio della vostra coscienza? Avreste una mente libera, come una strada sgombra. Alcuni credono che una mente vuota sia l'Esperienza Diretta, ma si sbagliano. La mente libera da contenuti è solo un "luogo" privilegiato dove l'Esperienza Diretta a volte accade.

Ecco perché l'apertura è importante. Essere aperti a qualunque cosa succeda nella mente significa rinunciare a metterci dentro qualcosa che la occupi e di cui occuparsi. Essere aperti tende a rimuovere le identificazioni della mente. Sembra paradossale, ma dato che l'apertura impedisce l'attaccamento, contribuisce anche a rimuovere gli ostacoli e le distrazioni.

La domanda porta di continuo al centro dell'attenzione il vero "chi sono io". I diversi contenuti legati all'argomento "chi sono io" si susseguono e si consumano in un lungo processo di purificazione. Lo spazio della coscienza incentrato su "chi sono io" diventa gradualmente più puro e limpido. Come vediamo la stanza vuota dopo una giornata di trasloco, così, dopo ore di intenti e di comunicazioni, l'oggetto "chi sono io" è libero dai contenuti che prima lo ammantavano. L'apertura è l'atteggiamento che permette ai più diversi pensieri, emozioni, giudizi, timori... di emergere e di essere integrati. L'apertura è importante, perché sperimentare l'Esperienza Diretta include essere aperti, quindi occorre riservarle un posto privilegiato.

La comunicazione

La terza componente della tecnica è la comunicazione. Il partecipante fa l'intento di vivere direttamente l'oggetto, chi è lui in questo preciso istante, è aperto, prende atto di quello che accade nella sua consapevolezza come conseguenza dell'intento e lo comunica al partner, con cui svolge l'esercizio.

Una delle prime sfide consiste nell'ingranare l'ordine esatto dei passi appena indicati. Una miriade di stimoli attrae l'attenzione del partecipante: come si sente prima di fare l'intento, il suo stato d'animo generale, quali desideri gli attraversano la mente… Egli deve ignorare tutti questi movimenti, non serve che lotti per allontanarli, che li esamini o che ci pensi. Non serve che li tratti in alcun modo. L'attenzione, come un potente faro, si concentra solo ed esclusivamente su *quello che emerge come conseguenza dell'intento.*
Affinché acquisiscano correttamente la tecnica, il conduttore consiglia ai partecipanti di iniziare ogni comunicazione con le parole: "Come conseguenza del mio intento è emerso…" In questo modo si accorgono se hanno effettivamente fatto – o no – un intento. Se non l'hanno fatto, non serve che parlino. Portano l'attenzione sul loro oggetto e fanno l'intento. Eseguito l'intento, potranno comunicare: "Come conseguenza del mio intento è emerso…" Tutto quello, che non è diretta conseguenza dell'intento (bisogni, impulsi, idee…), va trascurato.
Il partecipante ha il compito di comunicare i contenuti che emergono come conseguenza dell'intento, solo quelli. Se appaiono spontaneamente delle impressioni senza che siano conseguenza dell'intento, egli non dà loro attenzione, non le tratta in alcun modo, non le rifiuta, non le elabora.
Quando il trapezista volteggia nell'aria non si occupa dei capelli, dei vestiti, dell'ombra del corpo sul pavimento, del programma per domani. Tutta la sua attenzione è concentrata solo sull'azione. Così deve diventare l'attenzione del partecipante, concentrata solo sul fare l'intento di vivere diretta-

mente l'oggetto, sull'essere aperto e comunicare i contenuti emersi come conseguenza dell'intento. Tutto il resto rimane in secondo piano, il partecipante non lo nega, però sceglie di non considerarlo adesso. Questo è un principio operativo importante: i partecipanti non devono spiegare ogni movimento che avviene nella loro mente, ma solo quello che accade come diretto risultato dell'intento.

Quando una cosa non riceve nutrimento, tende a calmarsi, ridursi, inaridire, spostarsi o svanire; così le distrazioni si acquietano e rimane solo la tecnica, pulita ed efficace. Nell'Intensivo non possiamo occuparci di ogni pensiero della mente: questo richiederebbe anni di lavoro. Se un partecipante parla di sé e si rende conto che il suo discorso non è la conseguenza dell'intento, può fermarsi e correggere la rotta.

Il potere operativo della tecnica si sostanzia nella comunicazione dei contenuti che emergono come conseguenza dell'intento. La comunicazione sempre più aderente alla verità di sé, sempre più profonda, permette al partecipante di essere espresso, visto, accettato e compreso e questo si traduce immediatamente nella capacità di stare di fronte a se stesso, integrando gli irrisolti e aumentando la capacità di essere consapevole.

Parlare non si limita a esprimere a voce alta i propri pensieri, ma include farsi comprendere e sentirsi compresi. È la capacità di duplicare nell'altro (far esistere nell'altro) il proprio vissuto e la capacità di duplicare in sé le esperienze degli altri. La capacità eleva una relazione ordinaria a relazione di alta qualità ed eleva la comprensione a ingrediente fondamentale della tecnica dell'Intensivo.

Mentre parla, il partner attivo mantiene una costante attenzione al farsi comprendere. Si impegna a trovare le parole giuste affinché il suo messaggio arrivi in modo chiaro, completo e inequivocabile. Alla comunicazione non spetta di spiegare ogni cosa ma solo di creare comprensione sulla conseguenza dell'intento. Anche se non sempre il partner attivo può far comprendere tutto, ugualmente egli tenta di esprimersi e di raggiungere al meglio la comprensione.

Un ostacolo serio nella comunicazione è il seguente: il partecipante spesso tralascia cose in apparenza ovvie, cose che pensa o sente ma che per qualche ragione non dice. Per vari motivi le persone non vogliono esprimere ad alta voce certi contenuti: proteggere la propria immagine, imbarazzo, vergogna, dover assumere una responsabilità, temere il giudizio altrui, credere che non sia lecito esporre certi argomenti. I contenuti che emergono come conseguenza dell'intento sono quello che separa il partecipante dal viversi direttamente, per questo serve che egli li rimuova e lo strumento più efficace è che li comunichi allo scopo di ottenere la comprensione.

Perché la tecnica sia efficace, chi ascolta comprende i contenuti, non li giudica e li lascia evaporare senza elaborarli in alcun modo. Li comprende come vissuti emersi nel tentativo e nello sforzo di crescere. L'elemento che dà operatività a tutti questi ingredienti è uno: non dare conseguenze negative ai contenuti negativi.

Il partner di ascolto riceve la comunicazione come condivisione per crescere, per conoscere di più se stessi, per "pulire" il passato. L'atteggiamento verso il partecipante che manifesta pensieri e sentimenti negativi non è di disapprovazione, perché risulta pesante o irritante, al contrario è di apprezzamento per il coraggio di esprimere contenuti difficili emersi come conseguenza del suo intento di vivere direttamente l'oggetto. Se, ora dopo ora, il partecipante si accorge che le sue esternazioni non suscitano giudizi o altre conseguenze per lui spiacevoli, si rassicurerà, sentirà fiducia e sentirà di poter essere aperto, vero. Questa esperienza apre un nuovo spiraglio nelle relazioni, diventa possibile che ciascuno si esprima senza causare problemi.

Per vivere un'Esperienza Diretta abbiamo bisogno di apertura e per essere aperti dobbiamo dare e ricevere rispetto e fiducia. All'individuo diventa possibile vivere direttamente la verità di sé, della vita e degli altri grazie alla sua apertura alla verità. L'apertura verso la verità è il presupposto necessario per scoprire la verità. Per progredire nella ricerca servono relazioni di valore e di alta qualità. Giungiamo così a una conclusione importante: le abilità sia nel parlare che nell'ascoltare sono decisive.

Un partner che ascolta con apertura favorisce il compagno a esprimersi di più, con maggiore verità e profondità. Un partner che ascolta con l'intenzione di comprendere, che dà attenzione in modo completo e con dedizione è un partner che ha conquistato una vera e propria arte nell'ascolto. È una cura umana che fa crescere entrambi e li arricchisce di nuova consapevolezza.

Nella vita quotidiana due errori principali sciupano le comunicazioni: giudicare e interrompere. Sono spesso le relazioni più intime a soffrirne di più.

Le interruzioni continue impediscono di concludere il discorso e di creare un clima di comprensione, l'irritazione aumenta sino alla chiusura del dialogo o allo scontro. L'esperienza dell'Intensivo aumenta le abilità di relazione. Il partecipante a corso concluso potrà avvalersene nella quotidianità e scoprirà così che comprendersi e collaborare è molto più facile, utile e gratificante.

Che esperienza intensiva! Si parlava con un partner nell'esercizio, due persone sedute una di fronte all'altra. Sguardo intenso, ma non giudicante, sguardo da sostenere, profondità, accoglienza, accettazione, aiuto, sensibilità, sostegno e ascolto dell'altro. C'era una tecnica da eseguire: L'INTENTO. Chiudi gli occhi, guardati dentro, non badare alla mente, non badare a tutti i pensieri, le immagini e le preoccupazioni che distolgono l'attenzione da te stesso, dal trovare te stesso, dal guardarti, dall'entrare in unione con te stesso. Chi sei? Dove stai andando? Che vita ti stai creando? Mi è venuto da piangere e da sorridere, ho sentito ridere il mio cuore, la mia mente e tutto il mio essere al solo pensiero di quanto ognuno di noi riesca a trascurarsi ogni giorno. Quotidianamente ciascuno ha il tempo di vivere le più disparate situazioni, di vivere emozioni positive e negative, di soffrire e di gioire, di chiudere rapporti, di aprire nuove conoscenze, di porsi domande, di darsi risposte, di amare, insomma, di crescere.

Eppure c'è una singola persona alla base di tutto ciò, c'è un singolo individuo che vive, che sente e che pensa ogni giorno: tu, te stesso, tutto te stesso.

Emanuela Vanìa

Il CHI ERO IO lo sentivo sempre più forte e sempre con più costanza, mi sentivo una persona VERA...

Alessio

Una cosa è certa IO SONO CAMBIATA
vi abbraccio tutti!

Nadia Papagni

6

Perché la comunicazione funziona

Quando invitiamo le persone a essere di più,
loro possono stupirci con quanto di più possono essere.

– David Lee –

Dato che l'unico scopo dell'Intensivo è raggiungere l'Esperienza Diretta, qualcuno forse si domanda: "Perché praticare gli esercizi di comunicazione?"

Parlare e ascoltare gli altri potrebbe sembrare una distrazione. La comunicazione in verità accelera e perfeziona i processi di crescita della persona, per questo è determinante e per questo occorre capire i principi operativi alla radice della sua efficacia.

L'ideazione della tecnica ha preso avvio da un millenario quesito esistenziale: "Chi sono io?"

La domanda era giusta, tuttavia l'approccio si era rivelato lento e incerto. Molto di rado, e solo dopo anni di disciplina, qualcuno riusciva ad approdare alla piena consapevolezza di sé. Emerse così il desiderio di imprimere al percorso più efficacia e più velocità.

L'approccio analitico sviluppato in psicologia poneva l'accento sull'ascolto dei contenuti. Il paziente esprimeva i suoi vissuti, li sviscerava, il trainer ascoltava e questo accelerava l'andamento di integrazione degli eventi irrisolti del passato.
La disamina di diversi approcci che portavano alla risoluzione dei traumi e dei conflitti interiori mostrò un dato comune evidente: la capacità d'ascolto dei terapeuti. In molti casi il successo della terapia si collegava alla qualità della relazione instauratasi tra paziente e terapeuta; la qualità della relazione risultava più significativa e addirittura prevalente rispetto alla tecnica applicata. Nella storia dei vari approcci terapeutici si riscontrano alcuni gradienti: il paziente parla disteso e non guarda il terapeuta; paziente e terapeuta durante la seduta si guardano e si confrontano; sedute con più persone (gruppi di condivisione) nelle quali ciascuno parla e ascolta in una comunicazione tra pari.
Un ulteriore passaggio è il ricorso alla comunicazione non solo nella terapia allo scopo di alleviare le sofferenze, ma come strumento di crescita accessibile a ogni persona motivata al miglioramento.
Dalla ricerca del miglioramento hanno preso forma gli esercizi di comunicazione dove si alternano il tempo per parlare e il tempo per ascoltare. L'applicazione di questo strumento ha portato numerose scoperte.
In *primis* la comprensione, che svolge un ruolo da protagonista ed è una necessità irrinunciabile per l'essere umano. Tutti desiderano sentirsi compresi: è un bisogno di relazione, ci rende felici, ci arricchisce e ci aiuta a sostenere le difficoltà.

Come, sul piano pratico, io da solo non riesco a spostare una trave pesante ma in due la solleviamo, allo stesso modo, la vicinanza umana mi permette di sostenere gli eventi dolorosi. Quello che da solo appare sopraffacente, schiacciante e traumatico, quando sono in contatto con un amico diventa sostenibile.

Quando un evento è sopraffacente, quando un conflitto non viene integrato correttamente attraverso la comunicazione, la mente lo fissa. In seguito il dato sprofonda nell'inconscio e si trasforma in meccanismo comportamentale. Quello che viene compreso e accettato, si traduce in conoscenza utile, diviene patrimonio della mente funzionale, l'individuo diviene più libero e più consapevole.

Un assioma fondamentale della crescita personale: i vissuti non compresi e non integrati degradano in meccanismi condizionanti, i vissuti compresi e accettati si trasformano in conoscenza, abilità, forza e motivazioni positive.

Su questi presupposti di sommo valore si fonda la tecnica dell'Intensivo.

Nella maggior parte dei casi la mente della gente è satura, perché lì si deposita tutto quello che la persona non ha detto, capito, accettato, integrato o pienamente vissuto. Quando una persona sperimenta un trauma per lei troppo intenso, quella parte di emozioni e pensieri che risulta sopraffacente rimane sospesa nella mente in attesa di ulteriori integrazioni. Avete un cassetto con tante cose inutili? Assomiglia da vicino alla mente inconscia: raccoglie e conserva tutti "gli irrisolti". Col passare del tempo, affrontiamo una parte del materiale accumulato, ma nel frattempo si sono aggiunte altre incomprensioni e non riusciamo a risolvere vecchi e nuovi nodi in una sola volta. Guardiamo il nostro accumulo e concludiamo che è troppo e che ci penseremo in seguito. La mente umana è limitata e ostruita da contenuti irrisolti. Questa è la ragione per cui a piccoli eventi si risponde con reazioni esagerate, perché si sfoga la tensione trattenuta nelle esperienze che hanno lasciato un residuo di rancore, dispiacere o frustrazione.

Nella mente si accumulano messaggi indirizzati agli altri che non diciamo, che non giungono a destinazione e noi li raccogliamo in una scatola con l'etichetta "uscite", ma... nessuno viene a leggerli. Nessun corriere viene a prenderli per consegnarli ai destinatari. Così gli altri non ricevono i messaggi a loro rivolti e tutto questo si ammucchia creando massa mentale.

Sarebbe relativamente facile meditare su "Chi sono io?", se l'essere umano non si ritrovasse la mente satura di contenuti irrisolti. Invece, quando tenta di meditare su chi è lui, la mente interpone gli "oggetti" che anno dopo anno si sono depositati e che riguardano la sua identità.

Qui si accumula una gran quantità e varietà di idee su se stessi, idee non capite, giudizi non voluti, preconcetti provenienti dalla società, che hanno indotto l'individuo a pensare a sé in un modo o in un altro. Ogni persona formula su di sé molti pensieri. Se però non riesce a esprimerli, non si sente compresa e accettata dagli altri. Nella mente queste idee rimaste inespresse si depositano e stratificano. Si tratta di giudizi, sensazioni, traumi, interpretazioni e ricordi sulla propria identità. Ecco perché, quando una persona tenta

di meditare su chi è, nella mente appaiono tante impressioni mutevoli anziché la vera identità o la vera individualità consapevole.
Servono pertanto anni d'indagine affinché la persona trovi la strada attraverso i meandri della sua mente. Se bastasse ascoltare qualcuno che ci dice chi siamo, saremmo tutti completamente consapevoli già da tempo. Se avere le informazioni nella mente portasse alla piena consapevolezza di sé, noi saremmo già auto-realizzati, perché nella mente esistono informazioni esatte sulla nostra vera identità, ma si tratta solo di "nozioni" e le nozioni non sono la consapevolezza diretta di sé. I ricordi, le impressioni, la paura di sapere *chi sono veramente*, tutto questo è depositato nella mente, e tali impressioni non sono l'Esperienza Diretta. Sono soltanto impressioni mentali.
In uno dei primi Intensivi capitò un partecipante che, quando per la prima volta gli fu chiesto chi era, estrasse di tasca la patente e la mostrò. Quella era la sua identità.
La gente si identifica con le sue idee, con i suoi valori, con le sue abitudini, con i suoi desideri e anche con alcuni tratti della personalità, ma alla fine non ha la piena conoscenza di sé. Una persona crede di essere onesta, fortunata e capace, ma non ha la certezza di *chi* è veramente, in essenza.
Come un attore che impersona un ruolo dimenticando chi è, le persone si identificano con i tratti della personalità plasmati nella mente. Con il tempo dimenticano che stanno interpretando una parte o una personalità e non riescono a riconoscere quale sia la verità di sé. Sanno di essere una persona puntuale, intelligente e ordinata ma non sanno chi sono.

Inoltre tentano in ogni modo di "andare bene" agli altri. Sono disposte ad alterare se stesse, a nascondersi e a mentire, pur di andare bene.
Gradualmente si abituano ai soliti modi di dire e di fare e col tempo sempre più perdono interesse a conoscere la verità di sé. Poiché hanno rinunciato alla verità essenziale di sé, alle persone risulta indifferente assumere un atteggiamento o un altro. Da questo punto si dipanano i più diversi meccanismi caratteriali destinati in ogni caso a rivelarsi inefficaci, perché partendo da premesse sbagliate o incomplete portano a risultati altrettanto incompleti.
Per esempio ci sono personalità che devono sempre dimostrare di avere ragione, altre che non sono mai amate abbastanza. Alcuni prediligono gli atteggiamenti aggressivi, altri quelli passivi o neutri.
La mente ha la straordinaria capacità di giustificare qualsiasi cosa e di fare i collegamenti più improbabili. **Una capacità della mente è convincere che un comportamento qualsiasi può produrre un risultato qualsiasi.**
Possiamo incontrare persone che disprezzano gli altri ma intimamente desiderano solo essere amate. Persone che si nascondono per essere al centro dell'attenzione. Persone che falliscono per dimostrare di valere. Persone che allontanano gli altri per non rimanere sole. Tutto questo cela, e rende a volte quasi irraggiungibile, l'individualità consapevole, chi uno veramente è. Questo grande ostacolo è immagazzinato nella mente.
La tecnica composta da intento, apertura e comunicazione attiva un processo di risanamento.

Mentre esprimono la verità del momento presente, i partecipanti possono di nuovo sentire la propria autenticità e possono abbandonare le maschere, con le quali si sono abituati a vivere. Dando e ricevendo comprensione sciolgono le identificazioni con i contenuti che hanno accumulato nella loro mente.

La mancata comprensione nel momento in cui si è verificato l'evento ha "fissato" nella mente il contenuto. Però, attivando oggi una piena comprensione, il contenuto può essere recuperato, accettato e integrato. La dissoluzione del vissuto traumatico mediante la comprensione permette che del trauma rimanga solo il ricordo. Quel fatto rimane una parte della nostra storia che ci insegna qualcosa.

La persona, per effetto di cicli di comunicazione nei quali trova piena comprensione, scopre di potersi liberare dal condizionamento degli eventi sopraffacenti sperimentati in passato. Scopre di poter liberare l'attenzione dagli eventi che a suo tempo non ha saputo o potuto sostenere. Si può sentire libera, capace, positiva verso sé e verso gli altri.

Ognuno dovrebbe ambire a questo traguardo: ricordare il proprio passato senza esserne condizionato, imparando dalle esperienze e trasformandole in arricchimento.

Non è facile liberare la mente dai condizionamenti fissatisi nell'arco di molti anni, sino a cristallizzarsi e a diventare parte del carattere. È invece una grande sfida. Ecco, l'Intensivo è lo strumento capace di cambiare la condizione umana e di volgere al positivo il destino di una persona. Se fissaste un sasso per lungo tempo, forse 400 miliardi di anni, esso si dissolverebbe. Se ci soffiaste sopra lo consumereste prima.

L'erosione del vento è più forte del soffio umano; ugualmente ci vorrebbe molto tempo. L'acqua corrente ci impiegherebbe di meno. Se lo colpiste con un martello o lo aggrediste con agenti chimici, lo dissolvereste in pochi minuti. Con una carica esplosiva lo frantumereste all'istante.

In modo analogo esistono diversi procedimenti per eliminare le identificazioni, le confusioni, i traumi e i condizionamenti acquisiti che sono contenuti nella mente e che ostacolano il cambiamento.

Il mezzo più potente per dissolvere le fissità della mente è la comunicazione in una relazione di alta qualità, perché la mente inconscia si forma proprio a causa della sospensione delle comunicazioni tentate ma non riuscite, cioè non pienamente trasmesse e ricevute.

Esiste un collegamento significativo, esiste una proporzione diretta: peggiori sono le relazioni (conflitti, abusi) e maggiore è l'incidenza di meccanismi automatici nel comportamento (compulsioni, reazioni incontrollate). Migliore è la qualità delle relazioni (rispetto, riconoscimento) e più elevata è la consapevolezza nel comportamento (agire per libera scelta, essere propositivi e responsabili). Nella prima equazione la persona in seguito si pente delle sue reazioni o si vergogna; nella seconda è fiera di sé.

Se assumiamo questi presupposti (cattive relazioni = comportamento lesivo, buone relazioni = comportamento costruttivo) e se cerchiamo il modo di attivare la crescita della persona, troviamo la soluzione. Occorre aumentare la qualità delle relazioni.

Ma come possiamo aumentare la qualità delle relazioni?

L'azione principale è dare e ricevere comprensione.
Nella tecnica dell'Intensivo i partecipanti concentrano l'attenzione su chi sono, fanno l'intento di vivere se stessi direttamente, sono aperti, prendono atto della conseguenza del loro intento e comunicano i contenuti che emergono in una relazione di alta qualità. Quando il partner di ascolto comprende il contenuto e il partner attivo si sente compreso, accade una trasformazione fondamentale asserita dal principio operativo seguente.
Se il contenuto comunicato è vero, si afferma; se il contenuto è falso, si dissolve.
Quando il partecipante esprime un vero bisogno, un desiderio sincero, un'autentica ambizione, un suo talento... questi si affermano, si rafforzano, diventano più reali. Aumentano l'energia e la determinazione dell'individuo per tradurre le parole in azioni.
Un disagio transitorio, una convinzione sbagliata, una paura irreale, un atteggiamento falso, un dubbio, un giudizio limitante... quando sono comunicati, dal momento che non sono fondamentalmente veri, si dissolvono e lasciano l'individuo libero di conoscere la realtà e di scegliere.
Esiste un nodo di grande rilevanza.
Il processo di crescita accade nella misura in cui il contenuto è comunicato da una persona ed è compreso veramente da un'altra. Questa sintetica frase asserisce il principio operativo degli esercizi di comunicazione e al contempo contiene il potere del metodo di ricerca.
Il principio operativo afferma un nuovo paradigma esistenziale: **considerare la verità soggettiva**.

L'individuo riconosce il valore di quello che è vero per sé ed è capace di dare seguito alla verità di sé, agisce in accordo con i suoi valori e con le sue scelte. Dalla conquistata e inedita maturità personale emerge un ordine nuovo dove la persona distingue ambiti soggettivi diversi. In alcuni l'individuo afferma la verità di sé, in altri ambiti riconosce potenzialità di collaborazione con gli altri, per le quali è utile la valutazione esterna o di un esperto. Impara inoltre a riconoscere e a considerare la verità soggettiva degli altri.
La capacità di distinguere in modo autonomo che cosa è – e che cosa non è – soggettivamente vero per noi ha enormi benefici che si riflettono immediatamente nell'integrità della persona, nella capacità di decidere, nell'autostima e nell'assunzione di responsabilità.
La distinzione tra vero e falso e il coraggio di esporre la verità sono azioni alla base della completezza e della felicità. Non riusciamo a immaginare un soggetto che senza sosta menta, finga, si nasconda e poi sia veramente felice; addirittura si abitua a fingere anche la felicità. Per natura l'essere umano ha bisogno della verità di sé. La verità è complessa, profonda, delicata, pesante, esplosiva… gli occorrono molte abilità per riconoscerla, esprimerla, sostenerla e tradurla con coerenza nel quotidiano.
Dobbiamo considerare questa caratteristica della nostra vita: per vivere con risultati veri, abbiamo bisogno di esserci veramente sin dall'inizio e lungo l'intero percorso con scelte e comunicazioni altrettanto vere. Per questa ragione i partecipanti, mentre praticano la tecnica, comunicano correttamente e allenano l'abilità di dire la verità senza ledere se stessi o gli altri.

I contenuti che sono veri (bisogni, decisioni, doti, eccellenze, obbiettivi, progetti per il futuro) emergono, si affermano, si rafforzano, accendono motivazioni, risvegliano energia ed entusiasmo.
I contenuti che non sono veri (pregiudizi, credenze, dubbi, paure) dapprima vacillano poi si sgretolano sino a dissolversi. La falsa credenza ha un potere condizionante perché trattiene dell'attenzione che rimane fissa, "congelata" e quindi appare irremovibile. Se la persona crede di essere pigra, crede anche che dovrà restare tale per tutta la vita. La sua attenzione si è fissata sul giudizio della pigrizia e non riesce a spostarsi sull'essere attiva e su impegnarsi con entusiasmo.
Come mai l'attenzione si fissa e congela su certe convinzioni? Perché in origine la persona aveva subito un evento che per lei era sopraffacente e insostenibile. In quanto insostenibile la persona non era riuscita a comprenderlo, ad accettarlo e di conseguenza a integrarlo. Durante l'evento la persona sopraffatta aveva formulato valutazioni, giudizi, idee e aveva dato loro credito. L'attenzione si era fissata sulle impressioni credendole inevitabili, come l'evento sopraffacente stesso.
La comunicazione ripristina il flusso interrotto con sé e con gli altri, "scongela" l'attenzione bloccata che viene recuperata e assimilata nella presenza consapevole. Adesso l'individuo può comprendere, accettare e sostenere le sue esperienze perché ha una relazione autentica e di sostegno. La comunicazione delle impressioni che emergono permette di chiarire, di conoscere maggiormente la propria dimensione soggettiva e di avere gli strumenti necessari per assumere una posizione inedita e per progredire.

L'applicazione corretta della tecnica dell'Intensivo consente di maturare risultati nella crescita personale, con una velocità da cinquanta a cento volte superiore rispetto ad altri approcci. Non solo, essa amplifica molto la qualità e la quantità dei risultati stessi.

È utilissimo che i partecipanti conoscano le implicazioni profonde del metodo di lavoro, che possano apprezzarne la precisione e la potenza e che ne usufruiscano appieno. Grazie alla comprensione dei meccanismi che producono un'eccezionale funzionalità, saranno più motivati, più precisi e quindi più veloci e otterranno risultati migliori.

Se i partecipanti non capiscono le implicazioni profonde del metodo, tendono a distrarsi, a perdere tempo e non beneficiano davvero e completamente della straordinarietà della tecnica e del complesso sistema dell'Intensivo. Non toccano i traguardi sperati e rinunciano all'impresa, si adattano a obiettivi di minore portata come essere di buon umore o alleviare un problema stando in compagnia. L'opportunità di raggiungere la piena consapevolezza di sé sembra eclissarsi e scomparire.

Si affacciano idee di cambiare strada, di cambiare la direzione intrapresa e gli accordi. Le tentate proposte di modificare metodo o tecnica provengono dal non aver capito i principi con i quali essi funzionano. La piena comprensione porta ad apprezzare l'efficacia della tecnica, ad applicarla con precisione e a rinnovare le proprie motivazioni alla crescita.

L'Intensivo non ammette modifiche e punta a un unico scopo: l'Esperienza Diretta, la piena conoscenza di sé.

Comprendere i principi su cui si fonda aiuta a superare gli ostacoli e a raggiungere la meta.
Comprendere appieno la funzionalità della tecnica crea sinergia, rafforza la volontà di impegnarsi al massimo sino a riuscire nel proprio intento. Quando il partecipante raggiunge la meta diviene consapevole di quanto sia stato corretto e indispensabile ogni passo compiuto, comprende il metodo e la tecnica con profonda gratitudine.

Ho compreso l'importanza della mia espressione personale che spesso tendo a smorzare.
Donare attenzione pura e completa a un'altra persona è una risposta meravigliosa alla vita e a ciò che chiede.
Noto che l'altro si sente apprezzato e compreso.
Cercherò di emergere di più per quello che sono e sento, questo è un grande consiglio che mi hai dato riguardo me e la tecnica.
La chiarezza delle comunicazioni risparmia molte incomprensioni.

Loris

Ogni persona nell'esercizio di comunicazione è funzionale: ti dona strumenti di comprensione; ti dona una lente per vedere una o più barriere; ridimensiona il tuo ego; ti chiede maggiore rispetto; ti chiede maggiore cura; ti chiede la forza e l'umiltà; ti chiede spinta e sostegno; ti dona energia; ti insegna che cosa è la purezza.

Pietro

7

L'oggetto della ricerca

Una persona senza un obiettivo è come una nave senza il timone.

– Denis Waitley –

La tecnica dell'Intensivo composta da intento, apertura e comunicazione si pratica sull'oggetto di ricerca scelto.
L'oggetto è il riferimento, è paragonabile a una porta alla quale bussiamo con insistenza per entrare e scoprire l'Esperienza Diretta. L'oggetto è il punto d'arrivo, come il centro rosso del bersaglio, e lì il partecipante riversa tutta la sua attenzione mentre pratica l'intento di vivere direttamente.
Gli oggetti essenziali sono quattro. Ognuno esplora un aspetto fondamentale dell'esistenza:

1. Chi sono io?
2. La vita.
3. L'altro essere umano.
4. Che cosa sono io?

Ogni individuo ha bisogno di essere pienamente consapevole di sé, deve sapere chi è, che cosa è, ha l'esigenza di essere consapevole della vita e degli altri.

Vivere in modo equilibrato e compiuto è una condizione che richiede molti requisiti; fra questi spicca la consapevolezza. I quattro oggetti costituiscono autentiche priorità, sono riferimenti irrinunciabili per orientarsi nella vita con chiarezza e inesauribile motivazione.

I quattro quesiti della ricerca sono in ordine sequenziale e si esplorano l'uno dopo l'altro perché questo aiuta a procedere nel modo migliore. Quando un ricercatore ha scoperto chi è veramente, si cimenta con *la vita*. Quando sa chi è, e che cos'è la vita nella sua essenza, allora affronta il quesito sugli *altri*. Conquistata anche questa conoscenza, ritorna a sé per esplorare la propria qualità fondamentale: *che cosa sono*.

L'oggetto della ricerca custodisce anche un'utilità pratica. Per fare l'intento noi necessitiamo di "qualcosa" che tenteremo di vivere direttamente, dobbiamo disporre di un oggetto verso il quale "lanciare" l'intento.

Chi sono io, la vita, gli altri... a prima vista sembrano concetti ben conosciuti, quasi ovvi, ma se ci domandiamo "davvero" quale sia la verità essenziale di questi punti cardinali, la certezza vacillerà. Non solo, se ci ponessimo queste domande ogni giorno, è quasi certo che daremmo delle risposte diverse. Come mai? Perché la mente si è abituata a convergere l'attenzione sui fattori transitori anziché su quelli essenziali e permanenti. "Chi sono gli altri?" Se oggi sono stati gentili, li definiremo "buoni"; se sono stati assenti, li percepiremo come "distaccati". Ma qual è nella sua essenza la verità degli altri al di là delle innumerevoli e diverse esperienze che condividiamo con loro? Questa verità essenziale fa la differenza e migliora anche i più semplici scambi quotidiani.

L'Esperienza Diretta è pura consapevolezza ed è priva di qualità, tuttavia è di incommensurabile valore sperimentarla attraverso le *porte* dei quesiti perché la persona, oltre a essere pienamente consapevole, diviene anche consapevole di sé, della vita e degli altri.
Il processo della tecnica è immediato ed efficace. Il partecipante inizia con la prima domanda: "Chi sono io?" Porta l'attenzione su di sé e riconosce che in quel preciso momento percepisce se stesso in un particolare modo. Questo *se stesso* è l'oggetto e il partecipante fa l'intento di vivere *se stesso* direttamente, senza processi.
Il partecipante fa l'intento di vivere direttamente chi è *in questo momento,* non come si sente di solito, non quello che crede che dovrebbe essere, non quello che gli piacerebbe diventare in futuro.
L'oggetto della tecnica è la percezione reale e attuale, non un'idea astratta di sé o un desiderio.
A seconda della domanda, il partecipante appoggia l'attenzione sulla realtà del momento: chi sono io adesso, che cosa è la vita adesso, l'altro essere umano, che cosa sono io. Trovato e percepito l'oggetto, fa l'intento di viverlo direttamente, è aperto a ogni conseguenza che emerge e comunica i contenuti apparsi. Poi prosegue con un altro intento e altri ancora.
Procedendo nella tecnica, ora dopo ora la percezione dell'oggetto si trasforma. All'inizio il partecipante porta l'attenzione su di sé, sente il suo corpo seduto sulla sedia e tenta di vivere se stesso in modo diretto. Dopo un certo tempo non ha più la percezione di essere il corpo fisico, ma è attratto dai pensieri e dalle sensazioni che avverte.

La sua percezione di *se stesso* si è modificata. Invece di essere un corpo seduto qui, si percepisce come una mente piena di idee. Allora dirige l'intento verso la nuova percezione di sé.

Proseguendo con la tecnica, anche questo ambito perde attrattiva e l'indagine diventa più acuta: "Chi percepisce il corpo seduto sulla sedia? Chi ha la schiena dolente? Chi pensa queste idee? Chi si sente felice? Chi è convinto di essere una persona meticolosa? Chi sono io veramente?"

Ad un certo punto il partecipante si accorge che riesce a cercare se stesso in ciascuna delle esperienze che compongono la sua quotidianità e alle quali è abituato: "Chi guarda? Chi mangia? Chi cammina? Chi parla?"

Si accorge anche che "credeva di sapere" chi guarda, chi parla... e invece non lo sa veramente e totalmente.

Perché? Perché nella vita quotidiana le persone assumono atteggiamenti, modi di essere e di fare in cui non esprimono la verità di se stessi e, con il passare del tempo, la verità di sé svanisce sempre più, sino a sembrare irraggiungibile.

In sostanza, benché non se ne accorga, l'individuo si identifica con modi di essere non veri ai quali si abitua e che giustifica, ma che alla fine lo lasciano insoddisfatto. Uso qui la parola *identificarsi* con questa accezione: "credere di essere qualcosa che in realtà non si è."

Praticando la tecnica, uno a uno, scivolano via dalle spalle questi *abiti* indossati per tante ragioni, per esempio perché non si sapeva che cosa dire, perché si temeva un giudizio negativo, perché sembrava più facile imitare gli altri... Le false identificazioni si sgretolano e rivelano la verità sottostante.

Il partecipante si accorge che quello che "credeva di essere" non è definitivo, non è una verità essenziale permanente, ma un'idea che svanisce per lasciare spazio a ulteriori percezioni relative e transitorie di sé. Di contenuto in contenuto, il viaggio prosegue e l'attenzione ritorna ogni volta, puntuale, sull'intento di vivere direttamente se stessi in questo momento.

Le prime fasi di applicazione della tecnica sono semplici ma proseguendo diventano gradualmente più raffinate.

Dopo aver fatto un grande numero di intenti, il partecipante a volte si percepisce come "nulla" e il "nulla" diventa il suo nuovo oggetto. Come vivere direttamente se stessi se non c'è niente a cui riferirsi? La strategia rimane la stessa, tentare di vivere direttamente se stessi che è questo nulla: "Chi percepisce il nulla?"

La capacità di distinguere i vissuti aumenta sensibilmente con il trascorrere delle ore e il partecipante riesce a procedere con una marcia in più. Adesso sposta l'attenzione dal "nulla" che sente, a "chi sente" di essere quel nulla. Si tratta di un traguardo notevole, ma la tecnica non cambia.

Lo svolgimento della tecnica si sviluppa con logiche imprevedibili. La percezione dell'oggetto talvolta rimane stabile e ferma per mezza giornata o più, talvolta varia di continuo.

Il modo in cui la persona percepisce l'oggetto è irrilevante. Importa solo che lo percepisca, che faccia l'intento di viverlo direttamente, che sia aperta e comunichi la conseguenza dell'intento. Non occorre che il partecipante senta di essere una bella persona; potrebbe anche sentirsi falso, immeritevole, pieno di difetti o triste. Egli allora tenta di vivere direttamente questo *se stesso* triste, ovvero *chi è* che si sente triste.

Nel praticare la tecnica con la domanda "Chi sono io?" il partecipante può esperire sé nei modi più diversi: come il suo corpo, la sua personalità, i suoi sentimenti, un giudizio, un ricordo, un desiderio. Qualunque cosa sia, se lo percepisce come *se stesso* nel momento presente, quello è il suo oggetto e tenta di viverlo direttamente.

Con l'applicazione della tecnica, intento dopo intento, le interpretazioni di sé – essere un corpo, una personalità, un'emozione, un giudizio, un desiderio – una a una si esauriscono e il partecipante si avvicina gradualmente a essere consapevole di sé in modo più puro ed essenziale.

A volte i partecipanti si affezionano a un oggetto, a un modo di percepire se stessi e, quando esso si trasforma, rimangono stupiti. Tuttavia la trasformazione dell'oggetto si conferma sempre un evento positivo, perché comporta l'abbandono delle idee fittizie per risiedere nella verità profonda e completa. Talvolta il partecipante entra in difficoltà in alcune fasi del corso perché non trova più l'oggetto. Quando rivolge l'attenzione sul suo oggetto non trova nulla, è scomparso! Benché disorienti, anche questo si conferma solo un territorio del percorso, alla stregua dei paesaggi che si alternano durante un viaggio in treno. Anche qui il partecipante tenta di percepire "chi sono io", che cosa è "per me" la vita in questo momento, e procede con l'intento di vivere direttamente l'oggetto per quanto evanescente, vago, inafferrabile, o addirittura inesistente gli possa sembrare.

L'Intensivo è una grande scuola di vita perché insegna a originare l'intento in ogni situazione, nei momenti propizi e in quelli sfavorevoli. Insegna a essere forti, a persistere e a mantenere la direzione scelta.
L'oggetto nella tecnica è paragonabile a una "porta" verso l'Esperienza Diretta. Quando il partecipante si occupa in modo corretto di questa "porta", quale che sia o in qualsiasi maniera appaia, la "porta" d'un tratto si apre e accade l'Esperienza Diretta. Ed è una delle esperienze di maggiore valore nella vita.

> *Quello che più mi ha sorpreso è che io ERO, non c'era passato, futuro, solamente ero.*
>
> *Nadia*
>
> *Tutto è semplicemente così com'è, nella più assoluta spontaneità: la vita è!*
>
> *Paola*

Che bello vedere con questi occhi pieni di infinito chi siamo, quello che siamo e diventare consapevoli di cos'è la vita...

Sandra

La vita sono io! La vita sono io nella misura in cui io porto attenzione alla vita. La mancanza di attenzione fa perdere questa equivalenza, poiché vuol dire che la mente sta giocando le sue carte, staccandoci dalla vita e dal tutto.

Simone Morici

Vivere direttamente l'altro essere umano mi ha permesso di integrare delle situazioni molto pesanti, ferite date e ricevute. Ho provato una grande comprensione verso gli altri esseri umani, verso la vita e verso di me... alla fine mi sono sentita alleggerita e in pace, questa comprensione mi ha donato una gioia immensa, grazie di cuore.

Francesca Dalle Grave

8

L'orario e il rapporto con il tempo

Il regalo più grande che puoi fare a qualcun altro
non è donargli le tue ricchezze ma fargli scoprire le sue.

– Benjamin Disraeli –

Nei tre giorni dell'Intensivo il maestro e gli assistenti mantengono con rigore e precisione il programma giornaliero e il relativo orario, fattori strutturali che conferiscono all'Intensivo un forte carattere… d'intensità. Tratto che colpisce da subito i nuovi partecipanti.

La giornata si svolge alternando in modo ben equilibrato esercizi di comunicazione della durata di 40 minuti ciascuno e attività diverse: i pasti, la ginnastica, la passeggiata, il discorso di mezza giornata, il lavoro manuale, il riposo.

Il programma giornaliero crea il contesto ottimale, che permette all'attenzione di rimanere sempre focalizzata e impegnata nella tecnica, al contempo rispetta le diverse esigenze: il bisogno di movimento e di riposo del corpo, il bisogno della mente di sperimentare attività differenti.

Nell'Intensivo la persona esplora un rapporto speciale con il tempo: dedica pienamente ogni attimo al progetto intrapreso dalla sveglia del mattino al momento di coricarsi alla sera, applica la tecnica al suo meglio.
Dedicare il tempo a un'attività di valore è un bene prezioso. Dedicare il tempo a conoscere di più se stessi, sino a conoscersi veramente e completamente, è un investimento di immenso valore.
Nella vita spesso le persone non realizzano i loro progetti esistenziali, perché sono incapaci di dedicare loro il tempo necessario. Il corso offre l'opportunità d'imparare a dedicare senza alcuna riserva il tempo allo scopo prescelto. Insegna inoltre che quando si investe correttamente il tempo, il successo corona l'impegno profuso. Di norma l'Intensivo di tre giorni comincia alle ore venti del giovedì sera con il discorso iniziale che pone le basi del corso e delle relazioni. Chiariti i punti, il gruppo è pronto per *decollare*!
Nel discorso iniziale il maestro spiega la finalità dell'Intensivo, spiega le regole e la tecnica. Alla conclusione del discorso i partecipanti *entrano* nell'Intensivo, cominciano a praticare la tecnica e ad attenersi alle regole.
Il giorno seguente la sveglia è alle sei. Ci si alza presto così si esce dalla routine. L'orario diverso dal solito favorisce lo scopo del corso, rompe le abitudini e apre la mente al nuovo.
I partecipanti dispongono di un tempo breve per prepararsi, quindi si ritrovano seduti l'uno di fronte all'altro pronti per affrontare la giornata. Il maestro ripete brevemente come applicare la tecnica e si parte con il primo esercizio di comunicazione.

Il partecipante concentra tutta l'attenzione sulla tecnica, entra nell'ottica che da adesso alla conclusione dell'Intensivo la tecnica prevale su tutto; perciò pospone ogni altra necessità. Il meccanismo è semplice, assomiglia a un ingranaggio. Tuttavia serve un avvio corretto e senza errori; per ottenerlo serve la massima cura, attenzione e precisione.
I partecipanti alla prima esperienza sono sorpresi dal contesto, dalle regole, dalla tecnica... e ricevono tutto l'aiuto che occorre allo scopo di comprendere e riuscire a sostenere con positività ogni elemento. Ogni fattore, in sinergia con tutti gli altri, contribuisce in modo significativo al risultato del corso, risultato che altrimenti resterebbe fuori portata. Concluso il primo esercizio, i partecipanti hanno tempo per dedicarsi alla ginnastica e per bere la tisana, quindi affrontano il secondo esercizio. Il programma della giornata prosegue alternando esercizi, pasti e attività. Le pause permettono di sgranchire le membra, distendere i muscoli, rinfrescarsi e quindi procedere con rinnovata energia. Le pause assecondano il bisogno di riposo del corpo che cambia posizione e si rilassa, ma non interrompono mai la tecnica. Il relax è solo fisico e il partecipante continua senza sosta a praticare la tecnica per tutto l'Intensivo. Durante le pause o i pasti egli applica la tecnica senza la fase della comunicazione, perciò con l'intento, l'apertura e prendere atto delle conseguenze dell'intento.
Il partecipante impara, gradualmente, a tenere la tecnica al primo posto, a occuparsi solo di questo, a rimandare ogni altro progetto a un altro momento. Si allena a stare in un *tempo nuovo,* un tempo dedicato solo a conoscere se stesso e questo lo potrà portare in uno *spazio nuovo.*

L'alternanza delle attività è ottima: il partecipante continua senza interruzioni a praticare la tecnica, ma cambia il luogo e le azioni fisiche in modo che il percorso risulti sostenibile ed equilibrato. L'avvicendarsi delle attività è un potentissimo alleato perché permette di rinnovare l'attenzione, le motivazioni e di scoprire una nuova apertura.
Durante le pause e i pasti i partecipanti non parlano tra loro. Anche l'alternanza dei periodi in silenzio e di comunicazione predispone il contesto ideale affinché l'individuo si senta compreso, visto, accolto ma insieme gli assicuri il tempo per tenere tutta l'attenzione solo su di sé.
Nel tempo riservato alla passeggiata si cammina lentamente, in silenzio e si continua la propria sfida. Passo dopo passo ci si immerge nel paesaggio, si prosegue la ricerca con il tentativo di scoprire un'inedita verità di sé. Continuare ad attenersi agli accordi e alla tecnica è anche una comunicazione: dice quanto la meta che ognuno vuole realizzare sia veramente importante.
La passeggiata potrebbe rivelarsi una fonte di distrazioni; qualcuno potrebbe raccogliere la legna per il caminetto e qualcuno dei fiori per la tavola, dimenticando lo scopo del corso. Questo rischio è prevenuto perché dopo l'intenso lavoro svolto negli esercizi i partecipanti sono capaci di andare in profondità con la ricerca individuale. Durante gli esercizi hanno comunicato molti contenuti e liberato la mente da tante impressioni, riescono pertanto a focalizzare l'attenzione sull'oggetto con più forza, precisione e durata. Allora nel corso della passeggiata camminano e al contempo mettono cuore e anima nel loro compito.

Li avvantaggia inoltre sapere che quando torneranno in aula qualcuno ascolterà e comprenderà quello che hanno sperimentato. Questo li rassicura e li invoglia a praticare la tecnica con volontà ancora più incisiva.
Nell'arco della mattinata, esercizio dopo esercizio, il gruppo si è cimentato con la tecnica, ha colto come farla funzionare e ha riconosciuto le potenziali distrazioni o gli errori. Arriva il momento per aumentare la chiarezza del lavoro che insieme si sta compiendo e per accendere ancora di più l'ambizione a riuscire nell'impresa. È il momento del discorso di mezza giornata. Il maestro lo tiene nel primo pomeriggio. Spiega di nuovo e nei dettagli la tecnica, affinché ognuno la applichi con maggiore precisione ed efficacia al punto da raggiungere l'Esperienza Diretta.
Nell'ascoltare come si pratica correttamente la tecnica, molti partecipanti ricevono conferma di agire in modo esatto e si rinforzano. Non mancano le scoperte. Benché in teoria abbiano capito come fare, molti traggono dal discorso inedite comprensioni sulla tecnica, come se la sentissero per la prima volta. Sono utili ulteriori elementi di studio, come pure gli spunti per rinnovare e rinsaldare la motivazione.
Il discorso abbina un momento tecnico, di approfondimento del metodo, a un momento umano di condivisione, di apertura e di ispirazione. Imprime una spinta nel continuare il viaggio dell'Intensivo con entusiasmo e rinnovate energie.
Le parole del discorso hanno chiarito e affilato ancora di più la tecnica, ma hanno anche toccato il cuore, aperto opportunità inedite e risvegliato la voglia di riuscire.

I partecipanti sono pronti per *spingere* al massimo perché sentono che possono e vogliono. Al discorso segue la ricerca individuale che offre la più intensa concentrazione sull'oggetto. Il partecipante riconosce che nessun pensiero o emozione appaga il suo bisogno di crescita, perciò vuole arrivare all'essenza, vuole veramente liberarsi dal guscio, dal mondo conosciuto e addentrarsi nel nuovo. Si accinge a vivere direttamente l'oggetto della sua ricerca e si lancia con tutta la determinazione nel cuore della tecnica. Poi la giornata prosegue con la merenda pomeridiana, il lavoro manuale e un'ora di riposo. Dopo il riposo i partecipanti riprendono l'esercizio di comunicazione e rientrano nell'intensità della relazione e dello scambio con gli altri. Il gruppo è rigenerato e pronto per dedicarsi con passione alle prossime sfide. Questo si rivela un ottimo momento per intensificare la volontà e perfezionare il metodo. La buona gestione del tempo e dello spazio indirizza le persone verso un funzionamento molto efficace e produttivo. Segue la cena. Il tempo per cenare serve a rigenerare le forze per sostenere bene il periodo serale del corso, che prosegue con altri esercizi e con la passeggiata.

Dopo la passeggiata il ritmo di norma rallenta perché si affaccia la stanchezza, il corpo dà segnali di affaticamento e il cervello sembra sovraccarico. Il gruppo entra in sofferenza, specialmente il primo giorno. Se le persone sono affaticate e con la testa pesante, perché ci prendiamo l'onere di continuare con gli esercizi serali? Persistiamo fino a tarda sera per due motivi strategici: quando i partecipanti sono stanchi, anche le loro barriere sono *stanche,* pertanto si aprono spiragli ai quali non accederemmo altrimenti.

Le barriere psicologiche si incrinano e cedono. Le persone non riescono a trattenere l'emotività, sfuma l'interesse a conservare un'immagine di sé "consona", a giocare i soliti giochi, a seguire gli schemi mentali usuali e le fantasie. Iniziano a essere reali, vogliono solo arrivare alla fine della giornata.
Ecco la seconda ragione. In queste ore i partecipanti sovente si rendono conto che i contenuti mentali sono solo "contenuti". Dopo che l'attenzione per tutta la giornata è stata di continuo carpita da mille stimoli, per lo più inutili, ora rimane semplicemente l'intento di vivere direttamente il proprio oggetto. Per questo il tempo dopo la cena custodisce un grande potere operativo. Ogni partecipante dovrebbe essere molto prudente, delicato e insieme acuto, sereno ma ben indirizzato al suo fine. Adesso è il momento ideale per progredire davvero.
"Neppure Apollo sta sempre con l'arco teso" diceva Orazio. Ebbene sì, il partecipante all'Intensivo è chiamato a superare Apollo e a tenere l'arco della tecnica sempre teso anche nell'ultimo esercizio della giornata.
A questo punto di solito qualcuno lamenta che la sua mente è vuota. Non si accorge che ha raggiunto la condizione più favorevole per ottenere l'Esperienza Diretta di se stesso. Il partecipante si sente confuso e vede solo un lato della situazione: non avviene alcunché, non emergono contenuti né emozioni, nessuna conseguenza dell'intento, solo una presenza vuota. Non sa che cosa dire.
In verità è un'ottima situazione per lo scopo dell'Intensivo, è il luogo ideale per applicare la tecnica e vivere l'essenza consapevole.

Dopo un'intera giornata passata alla stregua di un arciere impegnato a rimuovere centinaia di ostacoli tra sé e il bersaglio, adesso il partecipante non trova più nulla che gli impedisca la vista. Ci sono solo lui e l'obbiettivo.
L'ultimo esercizio della giornata vede l'apice della stanchezza, ma anche l'apice di potenzialità delle persone. Chi conduce il corso rimane sorpreso nel vedere quanta energia e quanto entusiasmo le persone sono capaci di sprigionare nei momenti più improbabili e più difficili.
Concluso l'ultimo esercizio, il gruppo va a riposare per ricominciare il giorno seguente con lo stesso programma.
L'orario dell'Intensivo è stato accuratamente studiato come un congegno mirabile, punto per punto; è stato perfezionato e confermato come il migliore. Nell'arco di trent'anni i maestri sono rimasti fedeli all'orario del corso senza avere motivi per cambiarlo e io raccomando di mantenerlo così anche per il futuro.

...mi infilo nel sacco a pelo brandendo a due mani la tecnica e iniziando subito a martellare.
La prima notte dormo pochissimo e sono sveglio molto prima dell'orario d'inizio della nostra giornata quindi cerco di lavorare più possibile.

Simone Berniga

Facendo l'intento all'aperto, immerso nella natura e slegato dalla conseguente comunicazione immediata dei vissuti, percepisco un senso di libertà, di gioia e di euforica armonia. Riguardo me stesso ho scoperto di Essere: entusiasmo e delicatezza.

Giuseppe Stopiglia

Durante una pausa, guardando fuori dalla finestra gli alberi verso il torrente, ho avuto una forte emozione nel rendermi conto che io stavo guardando la bellezza di quegli alberi e che quella bellezza era rivolta proprio a me.

Francesco Sancetta

9

Le regole e i risultati della disciplina

Non puoi vivere una favola se ti manca il coraggio di entrare nel bosco.

– Anna Salvaje –

Per raggiungere un risultato abbiamo bisogno di un metodo. Per raggiungere un risultato in un team di persone oltre al metodo abbiamo bisogno di accordi condivisi.

L'Intensivo è un sistema talmente complesso e raffinato che non funzionerebbe senza precisi accordi. Si confermano perciò decisivi il rapporto corretto con le regole e la limpida lealtà da parte di ogni componente del corso. Quando l'Intensivo è stato ideato e perfezionato in origine, le regole sono state definite con l'unico scopo di aiutare i partecipanti a ottenere l'Esperienza Diretta. Le regole sono la soluzione immediata e più semplice ai vari problemi che si sono presentati e indicano come funzionare per prevenirli. Attenersi alle regole crea ordine e collaborazione per applicare la tecnica nel modo ottimale: è uno strumento per arrivare alla meta desiderata.

Le regole sono ragionevoli e pratiche: durante il corso si applica solo la tecnica dell'Intensivo, non si svolgono altre forme di esercizi, occorre che tutti siano puntuali nel seguire l'orario giornaliero, ognuno si attiene al menù del corso, non si bevono caffè o alcolici, non si fuma, non si usano i computer e i cellulari. Un accordo preliminare significativo: la persona si impegna a partecipare all'Intensivo fino alla sua conclusione.
L'Intensivo si comincia e si conclude, non è utile partire e poi interrompere a metà. Prima dell'inizio il partecipante può chiedere e ottenere ogni informazione necessaria ma, quando ha deciso di frequentare, è tenuto a portare a termine il corso anzitutto per sé e per la sua maturità personale; in secondo luogo come gesto di rispetto verso gli altri partecipanti. Decidere è un atto di valore. Deve avere un significato e deve mantenere la sua validità. Volere e poi non volere, decidere e poi cambiare idea, sono forme di debolezza che possono sconfinare nella scorrettezza. Poiché l'Intensivo è di valore, un requisito preliminare riguardante i partecipanti è che essi assumano una decisione stabile e che perseverino nel seguirla.

Comprendere le regole

Il docente che conduce l'Intensivo spiega ogni regola, la motivazione per cui è stata scelta e la sua utilità. Quando il partecipante comprende a fondo la regola, nei tre giorni la rispetterà come "naturale" perché è consapevole della sua funzione.

Egli la percepisce come un alleato, come strumento per realizzare lo scopo desiderato.
Comprendere le regole e la loro utilità permette di scegliere di rispettarle. Questo è fondamentale. Quando fin dal discorso iniziale gli accordi sono chiari e condivisi, sorgeranno pochi problemi nell'arco dell'Intensivo. I partecipanti si atterranno alle regole senza l'impulso a trasgredire e non proveranno opposizione verso le difficoltà derivanti dalla disciplina, perché da subito avranno accettato di rispettare gli accordi presi.

Garantire l'accordo

Al momento dell'esposizione e della spiegazione delle regole ogni partecipante valuta sinceramente se è capace di accettarle e di rispettarle per la durata del corso, quindi prende un accordo con il docente. Le regole sono un accordo da rispettare, senza eccezioni, e ognuno è tenuto a garantire la sua correttezza. L'accordo deve essere vero, sincero, serio e mantenuto in modo continuativo con il comportamento conforme. Essere in grado di prendere e di attenersi a un accordo è un tratto distintivo di una bella persona, una persona coerente, forte e capace.

Avvisare prima

Se dovesse emergere una difficoltà che gli impedisce di rispettare le regole del corso, il partecipante prima di agire in modo autonomo chiede consiglio e aiuto.

Così evita di rompere di nascosto l'accordo e di trasgredire, gesti che sciupano i rapporti umani. Questa strategia è assai valida anche nella vita quotidiana, perché permette di aumentare la fiducia reciproca e di rinsaldare i rapporti umani.

Le difficoltà e i benefici

Per attenersi alle regole alcune persone per tre giorni cambieranno una o più abitudini di vita. Chi abitualmente fuma o beve caffè e alcolici, si asterrà per la durata del corso. Astenersi da una tossina per un certo tempo può provocare malessere, disagio o mal di testa.
Il partecipante che sente questi sintomi non li interpreta in modo negativo, li riconosce come segno di un processo di purificazione: il corpo si attiva per espellere le tossine accumulate. Eliminare le impurità è un beneficio per la salute e per il benessere personale. Superato il disagio il partecipante percepisce il valore di continuare con uno stile di vita più salubre ed equilibrato.

I risultati delle regole

Il primo e principale risultato del rispetto delle regole è creare il contesto ideale per raggiungere l'Esperienza Diretta: lo scopo dell'Intensivo. Il partecipante è concentrato, è sostenuto e si dedica interamente alla ricerca. Nessun elemento interrompe o devia il suo percorso.

Grazie all'insieme delle regole, il partecipante mantiene una condizione del corpo sana, non assume alcun tipo di tossina, così anche la sua mente non è alterata o eccitata. Egli è presente e attento. Ciò lo aiuta a rimanere concentrato sull'oggetto della ricerca, a eliminare le distrazioni e a prevenire i problemi. Nei tre giorni del corso il partecipante sperimenta uno stile di vita più semplice, più naturale, più bilanciato. Il cibo è poco elaborato e misurato, i bisogni del corpo sono appagati, ha relazioni sincere, dà e riceve attenzione autentica. Riesce a gestire ogni necessità pratica senza indugiare o perdere tempo. Insieme ai compagni di corso crea un clima di cura vicendevole. L'attenzione si rivolge senza sosta all'obbiettivo che vuole raggiungere e ora dopo ora, giorno dopo giorno, abbandona i soliti modi di dire e di fare, gli atteggiamenti superficiali adottati per compiacere gli altri o per quieto vivere. Sempre più spesso emergono i veri pensieri, bisogni e sentimenti. Ognuno prende il coraggio di abbandonare un'immagine di sé e osa dire quello che pensa veramente e quello che vuole veramente.

L'Intensivo si muove nella direzione della verità di sé, semplice ed essenziale. Da principio rispettare le regole può apparire una rinuncia o un sacrificio, ma con il passare del tempo la persona spesso scopre un senso di leggerezza e di benessere. Dare e ricevere comprensione regala pienezza interiore. Al confronto appare ben poco gratificante rimpinzarsi di cibo o bevande che appesantiscono inutilmente. In realtà molte errate abitudini di vita si abbinano alla mancanza di relazioni di alta qualità, relazioni delle quali ognuno ha veramente bisogno.

Un rapporto corretto con le regole

Quando il partecipante applica la tecnica in modo esatto, intenso e continuativo, non incontra alcun problema nel seguire le regole, anzi si sente aiutato ed esprime gratitudine. Riconosce che ogni tassello del sistema dell'Intensivo è lì per aiutare proprio lui. Si rende conto che la sua crescita personale è possibile grazie a tutte le attenzioni e alla disciplina messe in atto. A chi risulta difficile capire e praticare la tecnica spesso riesce ostico anche rispettare gli accordi iniziali; spesso non si accorge nemmeno di trasgredire. Ad alcuni le regole all'inizio sembrano severe o eccessive, ma a mano a mano che si inoltrano nell'Intensivo e si dispiegano le sue intense dinamiche di crescita, si accorgono di quanto esse siano indispensabili. Grazie alla struttura chiara e stabile gli accordi diventano un riferimento che indirizza nel proseguire al meglio.

La piena attenzione verso l'altro è uno strumento per superare le barriere.

Pietro

Posso dire di essere tornata a "casa", sento gratitudine verso questa esperienza. Ora sento di avere sviluppato l'abilità di stare di fronte ai miei limiti, al rispetto della disciplina e sono piacevolmente sorpresa nel sentire massicciamente rafforzata in me l'abilità di dare attenzione senza distrarsi, concentrarsi sull'altro, solo sull'altro. Sono felice. Sento il merito nel mio percorso e ne sono fiera.

Maria Cristina

10

La prova degli ostacoli

Non è mai troppo tardi per andare oltre.

– Dante Alighieri –

Il confronto con gli ostacoli spesso si accompagna nella quotidianità a sentimenti e a giudizi negativi: dispiacere, fastidio, timore, irritazione, rassegnazione... L'Intensivo è una scuola di vita condensata in tre giorni, insegna il modo migliore di affrontare gli ostacoli scandito in chiari passaggi: riconoscere le barriere, agire correttamente e superarle. Invece di entrare in sofferenza, di fronte all'ostacolo attiviamo azioni efficaci e utili: rafforziamo la motivazione, riconfermiamo la meta verso la quale procediamo, cerchiamo soluzioni intelligenti e collaboriamo meglio e di più con gli altri. In sostanza persistiamo. Gli ostacoli si riducono a prove da superare.
Quando i partecipanti hanno acquisito la tecnica dell'Intensivo e creato relazioni di alta qualità tra loro, si trovano nella condizione di esperti meccanici che hanno assemblato un veicolo e acceso il motore per viaggiare insieme verso l'Esperienza Diretta.

Nel tragitto affrontano territori diversi (stati interiori) e contenuti (pensieri, emozioni, ricordi) e mentre procedono incontrano puntualmente gli ostacoli. Gli ostacoli si manifestano con differenti modalità ma sono accomunati da una caratteristica: tentano di sabotare la tecnica. Se l'ostacolo vince, il partecipante smette di cercare la verità di sé. Se il partecipante supera la barriera, prosegue con la ricerca e la crescita. Gli ostacoli all'Esperienza Diretta sono molti, diversi e tipici. Il loro studio risulta di grande utilità, soprattutto poco prima del loro manifestarsi, perché il partecipante li può riconoscere, gestire correttamente e quindi superare.
La prima grande sfida per chi entra nell'Intensivo è riuscire ad applicare la tecnica. Acquisita la tecnica, ecco la seconda prova: praticarla con continuità. Il primo passo è "saper fare", il secondo "continuare a fare nel tempo". Non appena il partecipante assimila e pratica correttamente la tecnica, appaiono i primi ostacoli che tentano di distoglierlo, e spesso ci riescono. Gli viene mal di testa, è di cattivo umore, è stanco, è triste, lo assalgono i dubbi… e ogni barriera gli suggerisce di fermarsi e di rinunciare. Questo è il momento in cui attingere alla propria motivazione e alle abilità per perseverare nonostante le difficoltà. Possiamo asserire che il secondo passo "continuare a fare nel tempo" include la capacità di "fare anche in presenza di ostacoli".
Tutti gli ostacoli dell'Intensivo hanno una natura univoca: distolgono dal fare la tecnica.
Il partecipante si imbatte nell'ostacolo e l'impatto lo fa tentennare. Sta a lui scegliere se procedere o fermarsi. Da questo decisivo confronto deriva l'esisto dell'Intensivo per lui.

Le relazioni di sostegno, il contesto, l'orario, la tecnica... tutto è predisposto affinché possa procedere. La scelta però si conferma personale, resta una conquista autonoma e squisitamente soggettiva.
Non importa quale ostacolo provochi la sospensione o l'interruzione della tecnica: paura, distrazione, pigrizia, traumi del passato, stanchezza, noia, sfiducia... Qualunque cosa sia, è irrilevante se il risultato finale è che il partecipante si fermi. In questo caso il partecipante cadrà nella trappola che ha sconfitto più aspiranti alla verità di qualsiasi altra.
La soluzione agli ostacoli è continuare a praticare la tecnica.
Oltre la motivazione e la forza soggettiva di cui ognuno è dotato per confrontarsi con le avversità, un ruolo decisivo è svolto dalle relazioni: il partecipante riceve incoraggiamento, sostegno e contatto umano, inoltre vede un esempio da imitare, vede seduta di fronte una persona che prosegue nonostante i suoi limiti. Questi ingredienti – amore, cura, considerazione, accettazione, affinità e coesione – fanno la differenza.
Contribuiscono anche le indicazioni tecniche, esatte e puntuali, tuttavia non bastano per superare gli ostacoli nell'Intensivo. Il sostegno umano vero e profondo che caratterizza una relazione di alta qualità è il presupposto irrinunciabile che feconda autenticamente le indicazioni.
Con il procedere del corso il maestro spiega le barriere presenti e spesso anticipa e indica quelle imminenti, quelle che stanno per manifestarsi. Questo permette ai partecipanti di essere preparati, così le affronteranno senza cadere nel tranello.

Un ostacolo sottile e davvero insidioso sono le idee preconcette.
Il loro potere forte e subdolo sta nel fatto che il partecipante non le nota né le definisce come tali, le considera reali e permanenti, non semplici idee transitorie. La loro ovvietà e credibilità è tale che egli non le mette in discussione e le segue senza accorgersene. Inesorabilmente i pregiudizi lo allontaneranno dal fare intensamente e continuamente la tecnica.
Nel mondo relativo una verità può contraddire un'altra verità. Quando però vi cimentate con l'enorme compito di raggiungere la verità di voi stessi – verità nella quale ogni punto di vista cessa di esistere – serve che abbandoniate tutte le idee preconcette, persino quelle scontate, banali o quelle alle quali siete legati teneramente. Ognuno di noi ha una scorta di idee preconcette che costituiscono un ostacolo all'Esperienza Diretta. Ognuno adotta convinzioni di vario tipo, più o meno utili nella vita quotidiana, tuttavia nell'Intensivo serve abbandonarle per mirare a vivere direttamente il proprio oggetto. Come il nuotatore si spoglia prima di tuffarsi in acqua, così il partecipante "si spoglia" dei suoi preconcetti e delle sue credenze che altrimenti lo impedirebbero, come vestiti bagnati che intralciano il nuoto.
La convinzione... rimane solo una convinzione, non è la verità di sé, non è la meta che vogliamo realizzare. Eppure la convinzione si frappone tra il ricercatore e la sua meta e impedisce la vista. Per questo serve lasciarla e restare aperti.
Il corso regala la straordinaria opportunità di sbarazzarsi dei preconcetti e delle credenze acquisite in passato per essere aperti a un'esperienza di nuova generazione: Diretta.

I partecipanti non dovrebbero dare niente per scontato e dovrebbero invece dedicarsi alla domanda della loro ricerca in modo completamente aperto.
I preconcetti, le convinzioni e le credenze possono essere giusti o sbagliati, utili o limitanti, ma non sono rilevanti ai fini dell'Intensivo. Non è il suo scopo trattarle e quindi non ce ne occupiamo. Ogni forma di preconcetto è solo un abito da lasciare per nuotare a tutta potenza sino alla meta desiderata.
Una grande barriera è sfuggire.
Le persone trovano un milione di modi per evitare di affrontare il contatto con la verità di sé e con le sue conseguenze. Per lo più non si accorgono di sfuggire, in quanto agiscono in automatico o adottano giustificazioni in apparenza plausibili. Parlare senza sosta è un modo per fuggire dalla verità di sé. Succede spesso. È una sorta d'incontinenza verbale, un fiume di parole che al partecipante non serve per mostrarsi, ma per nascondere che cosa sente e che cosa vuole veramente. L'insoddisfazione rivela il meccanismo in atto. Sia chi ascolta sia chi parla si sente infine insoddisfatto: benché saturo dell'abbondante comunicazione data o ricevuta avverte vuoto e senso d'incompletezza.
Frequente è anche la barriera opposta. Altri cercano di sfuggire volgendosi alla propria interiorità, rimanendo in silenzio, evitando il contatto con il partner e il confronto con la verità dei contenuti emergenti. Questi partecipanti si rifugiano nella ricerca interiore, il loro sguardo si sottrarrà allo sguardo del partner di ascolto e si fisserà invece sugli oggetti. L'infelicità rivela l'ostacolo. Stare ritirati non è un luogo di gioia, ma un modo per non mostrarsi.

La mente seduce. L'intelletto propone mille ragioni per giustificare e spiegare perché il partecipante dovrebbe fare qualcosa di diverso dalla tecnica. Non importa quale sia la ragione, l'importante è distrarsi.
La mente umana è davvero creativa anche nella costruzione degli ostacoli, dotati di infinite varianti originali.
La mente per sfuggire usa qualunque mezzo: desidera innamorarsi, vuole aiutare un caro amico, si ricorda di botto di una necessità in famiglia o si occupa dell'ambiente e dell'organizzazione, propone soluzioni migliori per il cibo, gli orari, le pulizie e le competenze dello staff.
Per qualcuno l'attenzione viene catturata da una miriade di dettagli: "Ho bisogno di cibo diverso, fa troppo caldo qui, le sedie sono scomode". Va bene che ci siano richieste legittime, ma sovente si tratta di un meccanismo di fuga: la persona si occupa di qualsiasi cosa pur di evitare di fare l'intento, essere aperta e comunicare la conseguenza dell'intento.
Il partecipante dovrebbe essere curioso verso se stesso, dovrebbe cercare di scoprire non solo che cosa sta facendo con la tecnica, ma anche lo spirito con cui lo fa. Ora, proprio ora, evita qualcosa o affronta l'oggetto della ricerca al meglio delle sue capacità?
Un altro modo di sfuggire alla tecnica è assorbirsi nelle elaborazioni intellettuali. La tecnica richiede che il partecipante comunichi solo quello che accade come risultato dell'intento, e che non imbastisca storie interessanti su un argomento. Un errore consiste nell'elaborare ogni contenuto con spiegazioni.

Supponiamo che, come conseguenza dell'intento, a un giovane studente appaia l'immagine di un libro, proprio quello che dovrà affrontare per prepararsi al prossimo esame. Quando comunica il contenuto egli aggiunge molti dettagli: come si sente al riguardo, qual è la sua previsione sull'andamento dell'esame, chi potrebbe aiutarlo nella preparazione, qual è stato l'esito dell'esame precedente, di che cosa si occuperà dopo la laurea...

La mente in un attimo sviluppa infinite connessioni. Senza che nemmeno se ne accorga, dal contenuto emerso – vedere un libro – lo studente è arrivato alla festa di laurea. La continua elaborazione dei contenuti è una forma di fuga. Fuga da che cosa? Dal prossimo intento, dalla prossima spinta per andare verso la meta.

Un'ulteriore meccanismo di fuga coinvolge le emozioni. Alcune persone cercheranno rifugio in scoppi emotivi drammatici. È giusto che i partecipanti si permettano di sentire le loro emozioni e di esprimerle, perché fa parte dell'essere veri; è invece un errore se esse interrompono la tecnica per drammatizzare i propri vissuti. Se il partecipante indugia nelle emozioni e oltrepassa la semplice comunicazione ed espressione del sentimento emerso come conseguenza dell'intento, perde tempo e si allontana dalla vera finalità. Ad alcune persone sembra di procedere con risultati effettivi solo se si agitano e urlano. Non è così, in realtà fanno progressi reali solo ed esclusivamente quando applicano la tecnica. Che strillino o che siano tranquilli è irrilevante.

Un'altra forma di fuga è decidere di non fare la tecnica e limitarsi a fingere.

Il partecipante ha sentore che il corso si rivelerà utile e non vorrebbe perdere la sua grande occasione, ma non è disposto a esserci e a impegnarsi veramente con tutte le sue forze. Il meccanismo, insidioso in quanto nascosto, distrae il partecipante che ha il compito di svelarlo e di superarlo, altrimenti rimarrà a mani vuote. Il problema si risolve rispondendo con sincerità alla domanda: "Mi sto impegnando al massimo o sono solo uno spettatore distaccato?"

Nonostante le varianti alla barriera di sfuggire, la soluzione in definitiva resta la stessa: non sfuggire, fermarsi, prendere coraggio e affrontare la verità, eseguire la tecnica, guardare gli altri negli occhi e mostrare quello che si prova veramente. Con queste azioni la persona si scopre viva, forte, unica, fiera di sé.

Il prossimo ostacolo è la paura.

Esistono diversi tipi di paura: quella che scatta di fronte a un pericolo immediato, i timori "preventivi" per qualcosa di negativo che potrebbe accadere e la paura dell'ignoto.

Quando una persona avvia un progetto di vita, per procedere si trova sempre costretta ad affrontare quello che non conosce. Deve accettare che, qualunque cosa l'attenda più avanti, è una cosa sconosciuta, ma che può affrontarla comunque.

Anche la paura del cambiamento, talvolta palese e intensa, talvolta delicata e nascosta, influisce molto. Le persone hanno paura che le loro vite, e loro in prima persona, cambino e, mentre si lasciano rapire dai loro timori irrazionali, perdono di vista che il rinnovamento è positivo e indispensabile per mantenere un sano equilibrio.

Se tutto rimanesse sempre uguale e immutato, inizierebbe la decadenza. Talvolta le persone affermano di cercare il cambiamento perché insoddisfatte del loro stile di vita ma, alla resa dei conti, sono impreparate per una reale trasformazione e, quando si presenta l'occasione, non la colgono. La soluzione e la prevenzione della paura per il cambiamento consistono nella piena maestria delle proprie scelte: essere consapevoli di poter scegliere e di poter crescere attraverso le decisioni prese. Una maggiore consapevolezza funziona, perché contempla e rafforza la libertà di scelta dell'individualità consapevole.

Superata anche la paura del cambiamento, si presenta un'altra prova: le persone hanno paura di sbagliare. Hanno investito molto nel costruire un'immagine di sé e ora temono che essa s'infranga come uno specchio. L'ego non gradisce avere torto o sentirsi in errore. Ci vogliono tempo, molta comunicazione e molta comprensione all'interno di una relazione di alta qualità, affinché il partecipante sia disposto a essere semplicemente se stesso, ad accettare di avere sbagliato in passato e a cercare la verità di adesso. Mentre esplorano la domanda "Chi sono io?" talvolta le persone temono la verità di sé. Temono che la verità di chi sono veramente li deluderà, li coprirà di vergogna oppure sarà insufficiente per ottenere l'approvazione, con il rischio di perdere la stima degli altri. La risposta è una considerazione evidente: qualunque cosa emerga, essa sarà la verità, e la verità resterà tale comunque. La persona, divenendone consapevole, risolverà in modo definitivo il dubbio fondamentale di sé. Inoltre nessuno è rimasto deluso dell'Esperienza Diretta, quindi merita andare avanti.

Questo ostacolo assume anche la forma "paura della perdita": il partecipante teme di perdere qualcosa, una persona cara, il ruolo nel lavoro o il suo modo di essere e di vivere. È così arduo abbandonare l'ego che talvolta nella persona si affaccia la sensazione di essere sul punto di perdere tutto. Questa percezione proviene dai processi che modificano l'identificazione con i parametri dell'esistenza: spazio, tempo, materia ed energia. Al partecipante sembrerà di perdere i riferimenti di base. In verità si sta modificando solo il suo modello interno. Nella vita ordinaria ogni persona è identificata con lo spazio (sa di essere locata in un punto preciso), con la materia (si percepisce come fisica), con l'energia (sa di agire) e con il tempo (percepisce il presente, ricorda il passato e immagina il futuro). Sperimenta, e talvolta ne soffre, anche i loro opposti: non si sente mai al posto giusto al momento giusto, non ha energia, non ha abbastanza tempo, ha una forma fisica imperfetta. L'intento di vivere direttamente mette in crisi questi riferimenti, le alterazioni presenti e le identificazioni alla loro base. L'unica soluzione per superare la barriera è la disponibilità interiore a esperire l'esperienza così come essa si presenta.

I partecipanti durante gli esercizi comunicano le loro paure e questo di solito basta per dissolverle e per superarle. Ricevono un sincero incoraggiamento a proseguire, nonostante il tremore e l'inquietudine. **Mi piace definire la disciplina in questo modo: "Farlo comunque".**

Quando il partecipante pensa a una "buona" ragione per rinunciare e poi trova la spinta per continuare comunque, applica la disciplina. Ed è la disciplina la dote che serve in un Intensivo.

Il corpo può essere una barriera.
In tre decenni di esperienza ho osservato che le persone che si prendono maggiore cura del corpo, hanno di norma un migliore stato di salute e maggiori probabilità di raggiungere l'Esperienza Diretta già al primo Intensivo. Caffè, sigarette, alcool, droghe, medicine, inquinamento, abitudini alimentari scorrette, carente esercizio fisico... intasano il corpo di tossine. Durante l'Intensivo l'accumulo d'impurità fisiche causa crisi di astinenza. La mente vaga e si allontana dalla tecnica. Alla persona risulta oltremodo difficile mantenere l'attenzione sull'oggetto perché lo sforzo del corpo di espellere le tossine accumulate negli anni la distoglie di continuo. La mente è densa e annebbiata, il corpo è in sofferenza, lo stomaco reclama le patatine fritte e le cellule nervose sembrano chiedere la caffeina.
Per superare queste barriere i partecipanti dovranno rispettare gli orari e le regole, tentando di fare al meglio la tecnica di momento in momento. Non potranno evitare né ignorare i disturbi che emergono, ma dovranno affrontarli e attraversarli: staranno seduti con la schiena diritta ed eseguiranno la tecnica al loro meglio, comunque.
Un ostacolo che distrae l'attenzione dalla tecnica è l'esperienza fenomenica. L'intensità, la credibilità e la drammaticità accomunano questi vissuti. Al partecipante quello che sperimenta sembra decisamente vero, definitivo e imminente. Egli crede ciecamente alla sua percezione, ma dopo una manciata di minuti essa si dissolverà come mai esistita. Intuizioni, visioni, emozioni affascinanti rapiscono l'attenzione e potrebbero, in un istante, scalzare la vera intenzione.

Invece di cercare l'Esperienza Diretta, senza nemmeno accorgersene, il partecipante si trova a cercare altro, magari come essere felice, emozionato o protagonista di esperienze speciali. Le esperienze fenomeniche coinvolgono intensamente, con una credibilità sorprendente e inaspettata, deviano dalla direzione, scattano all'improvviso come una trappola. Avvisare vuol dire premunire: il maestro prepara i partecipanti a riconoscere e a trattare i fenomeni.

Le esperienze fenomeniche sono come fiori finti lungo la via; li vediamo e procediamo. L'atteggiamento corretto è non coglierli e non rifiutarli, non cedere al fascino ma neppure reprimerli. Cercare di bloccarli – come seguirli – rappresenta una distrazione. I partecipanti prima o poi capiscono che i fenomeni sono fallaci e inutili quindi smettono di seguirli, a prescindere dalla forma che essi assumono.

Imparano velocemente anche a stare di fronte ai fenomeni che sperimentano gli altri, continuano indisturbati la ricerca. Ascoltano per cinque minuti in silenzio, danno tutta la loro attenzione e quando diventano partner attivo proseguono con l'intento e con la comunicazione dei loro contenuti, di norma molto variegati. Il clima che ne risulta permette a ciascuno di affrontare le sue barriere in modo ordinato e prevedibile.

La mente umana sembra un repertorio di opere teatrali. Un contenuto si manifesta con leggerezza mentre un altro si sfoga in modo intenso e drammatico, perché contiene tutto quello che a suo tempo non è stato vissuto pienamente. Ora, ponendo l'attenzione su se stessi, dando e ricevendo vera comprensione, si apre uno spiraglio: le cicatrici del passato si aprono alla possibilità di un risanamento completo.

Nonostante la complessità dei vissuti che emergono, l'intenzione dei partecipanti dovrebbe restare costante: vivere direttamente l'oggetto e poi rimanere aperti a qualsiasi cosa accada nella loro coscienza come risultato dell'intento. Questo e non altro dovrebbero cercare di fare. Ignorare il fenomeno e continuare ad applicare la tecnica è un'azione potentissima; è intensamente formativa.
Rispetto all'Esperienza Diretta provare fenomeni è irrilevante, non porta vantaggi né svantaggi. I fenomeni non aiutano e non ostacolano. Il partecipante non dovrebbe sentirsi speciale perché sperimenta visioni fantastiche, né dovrebbe sentirsi migliore perché è sereno, normale e libero da qualunque manifestazione.
Capita che i fenomeni siano affascinanti. Anche sperimentare sensazioni piacevoli, stati di beatitudine, gioia irrefrenabile o comprensioni profonde può rappresentare una distrazione. Conoscenza e bellezza sono l'involucro esterno della Verità ma non la Verità.
Le persone tendono a indugiare in questi stati confortevoli e raffinati, ma rischiano di interrompere la ricerca. Il fenomeno attrae e coinvolge perché il partecipante forse non ha mai provato prima un tale benessere interiore. Gli stati non sono negativi e il partecipante non dovrebbe combatterli, ma semplicemente riconoscere e accettare qualunque stato, piacevole o difficile, e continuare con la tecnica. Dovrebbe accettare le più diverse manifestazioni che emergono e al contempo non seguirle.
Prendiamo ora in considerazione una barriera di natura diversa: **il senso di colpa**.

Se il partecipante sente, in base ai suoi criteri, di avere commesso in passato un certo numero di azioni negative verso gli altri, sente anche di non meritare una conquista di valore, perché ha ferito e danneggiato. Benché si impegni nella ricerca, sente che non potrà ottenere un grande successo. Siccome sa di aver trattato male gli altri con azioni scorrette, trascurando i suoi compiti o i suoi doveri, mancando alle promesse tacite o esplicite, oggi non può permettersi di ricevere.

Intuisce che con l'Esperienza Diretta acquisirebbe un maggiore potere d'azione, teme di utilizzarlo male, forse anche peggio, e di sbagliare ancora. Senza accorgersene si frena e non si permette di emanciparsi, di crescere, di essere felice e di usare il suo intero potenziale.

Conoscere veramente se stesso aumenterebbe davvero il suo raggio d'azione perché egli saprebbe chi è, che cosa vuole e si potrebbe esprimere con certezza. Il partecipante che conosce se stesso si radica di più nella verità, è libero di scegliere e si sente libero, si emancipa dalle influenze esterne, sente di poter agire con la sicurezza proveniente direttamente dal suo Essere. Tutto questo si traduce in gioia di vivere, entusiasmo, carisma e si trasforma in una visione: intraprendere progetti auto-realizzanti.

La prospettiva di auto-realizzazione, intuita più che conosciuta, resta estranea al raggio d'azione di chi ha ferito. Egli, a causa delle ferite inferte agli altri, si impedisce di conoscere se stesso.

Le persone trattano male gli altri perché sono poco consapevoli di sé. Ecco il principale motivo alla base delle ferite.

Gli altri, invece di essere lo scopo delle relazioni, diventano strumento per appagare desideri nascosti.
In cuor suo ognuno desidera ottime relazioni con gli altri, ne ha veramente bisogno e sarebbe oltremodo felice di averne. Ogni individuo è per indole incline ad amare gli altri e ad averne cura. Questa è la vera intenzione comune agli esseri umani, a prescindere dal fatto che ne siano consapevoli o no. L'indole è la stessa. La consapevolezza mostra gradazioni diverse e anche la capacità di agire con cura ha molte varianti. In forza della sua naturale amorevolezza il partecipante, che ha ferito un altro, si limita e riduce automaticamente il suo potere d'azione per non sbagliare di nuovo.
Non esiste un metro "oggettivo" che valuti quando, quanto e che cosa meritiamo di ricevere. La nostra natura consapevole e la nostra ignoranza attivano il freno e il blocco, perché amiamo gli altri più di quanto teniamo alla nostra evoluzione. Amare gli altri non è un atto intenzionale o una decisione; non possiamo farne a meno, rientra nella nostra natura.
Esistono diverse soluzioni alla barriera del senso di colpa. Il partecipante decide di impegnarsi al massimo per rispettare gli altri e comincia subito. Il suo impegno, se è sincero, avrà effetto.
Il partecipante si impegna senza riserve per ottenere l'Esperienza Diretta come dono per gli altri. Un dono che dedica alle persone che ama: ai figli, ai genitori, alla moglie o al marito, agli amici. La persona che si sente in colpa, crede di non meritare di ricevere ma è disposta a dare. Farlo per gli altri è una soluzione valida.

Rendersi conto che continuare a soffrire, a essere incompleti e insoddisfatti, significa appesantire gli altri con dolore, noia, frustrazione e scontentezza, può diventare una ragione in più per superare l'ostacolo del senso di colpa. Ottenere l'Esperienza Diretta significa non far pesare agli altri i propri errori e, invece, nutrirli con la verità di sé, con la propria integrità consapevole. L'Esperienza Diretta attinge a un amore profondo e alla capacità di trattare meglio gli altri. Se il partecipante segue le indicazioni, supererà il senso di colpa anche se gli sembra un limite invalicabile.

La persona bloccata dal senso di colpa crede che salderà il debito se soffrirà per un certo tempo e se si impedirà di ottenere quello che appaga i sui bisogni. Crede che la sofferenza rappresenti il giusto prezzo, che risolverà i problemi, ma si sbaglia. La sofferenza al contrario la irriterà e la indebolirà. Irascibile e vulnerabile con facilità scivolerà nel ripetere esattamente gli errori del passato e instaurerà un circolo vizioso. E così, per pagare gli errori recenti, si impegnerà a soffrire ancora, ma sarà ancora più frustrata e ciò scatenerà altri sbagli, in una catena interminabile.

Se una persona sente di dover soffrire per risolvere gli errori commessi, non esiste tecnica al mondo che la aiuterà a crescere. La soluzione è che essa capisca, che il modo migliore per rispondere al passato è interrompere la serie di errori, e ci riuscirà solo se cambierà atteggiamento, se crescerà come persona e se diventerà più consapevole. Una tra le azioni più importanti per concludere un errore è fermarsi, non ripeterlo da oggi in poi. Se invece la persona continuerà a sentire di non meritare di ricevere, boicotterà i suoi tentativi.

Ogni volta che avrà accumulato un periodo di ottimo lavoro e avrà maturato la possibilità di compiere un progresso importante, troverà un espediente per vanificare gli sforzi compiuti; come mungere il latte e poi colpire il secchio e versarlo.
Applicare la tecnica dell'Intensivo in modo corretto e intenso porta il partecipante a confrontarsi con questi e altri ostacoli, che possono sommarsi e ingrandire la difficoltà.
Sono decisive le relazioni di alta qualità e il sistema dell'Intensivo. Essere in contatto, dare e ricevere sostegno, procedere con la tecnica e seguire l'orario sono essenziali per riuscire, per superare a una a una le barriere e per proseguire il viaggio verso sé.
Il partecipante ha la straordinaria opportunità di vivere in un breve lasso di tempo molte o tutte le distrazioni elencate – le giustificazioni dell'intelletto, i sensi di colpa, la paura di perdere la propria immagine e il controllo di sé – e di continuare a praticare la tecnica sino a uscirne vittorioso.
Il partecipante si lega all'albero della tecnica, come Ulisse che ordinò ai compagni di stringere bene le corde per ascoltare il canto delle sirene senza cedere all'impulso di tuffarsi per seguirle.
Gli ostacoli sono numerosi e forti; l'unico modo per progredire è essere se stessi, veri e coraggiosi. Ogni partecipante può andare oltre la paura, può esprimere le emozioni senza soffocarle né esserne travolto.
A volte le barriere diventano molto intense e mettono preoccupazione, a volte sono molto sottili e ingannano. A volte sono di natura intellettuale, a volte emotiva, a volte fisica.

Gli ostacoli assumono gli aspetti più differenti. Proprio quando un ricercatore appassionato si aspetta una bufera, si insinua il dubbio quasi impercettibile, che pian piano corrode la motivazione. Argomentazioni brillanti, logiche e intelligenti condivisibili da chiunque veicolano intenzioni nascoste e sleali. Non importa che cosa accade, il partecipante non deve cambiare la sua azione e il suo comportamento. Continua a fare la tecnica, rimane semplicemente calmo, positivo.
Gli ostacoli sono inevitabili. Se non si presentassero, sarebbe segno che il partecipante non esegue la tecnica. Da subito si comincia il viaggio consapevoli delle prove seminate lungo il percorso. Affrontare l'Intensivo significa affrontare i propri limiti.
Gli ostacoli che una persona porta in sé emergono e serve affrontarli. Gli ostacoli la mettono alla prova ed essa li supera. Il maestro e gli assistenti non abbandoneranno mai i partecipanti nel momento della loro più grande occasione. Daranno contatto e amore affinché ognuno superi le sue crisi.
Esistono sempre gli spartiacque nella vita, e così nell'Intensivo. Dopo il superamento delle barriere, a prescindere dall'Esperienza Diretta che può avvenire o meno, la persona è diversa, si scopre matura ed eroica anche nella vita. Conquista un grande risultato: saper affrontare e superare correttamente gli ostacoli, saper vincere la prova delle difficoltà.

Il primo giorno sarei "scappato" via senza farmi vedere, ho trovato mille scuse per farlo, poi la sensazione che ciò che facevo era assurdo. Mi sentivo scoppiare, in gabbia, io fermo seduto immobile!!! Una stanchezza paurosa. La sofferenza attorno a me era struggente. Cosa rimango a fare?
Rimango, mi fido di chi mi ha consigliato il corso. Chissà se almeno sarò fiero di arrivare alla fine di un percorso così difficile, mi ripetevo. Intanto che continuavo a raccontarmi queste cose il tempo passava, un esercizio dietro l'altro, una camminata, un pranzo...
L'impressione era che il venerdì sia durato una settimana, il tempo interminabile, i minuti erano ore...
Il primo giorno ero pieno di pregiudizi sui miei compagni di viaggio, impaurito e ricco di un ego che mi faceva sentire superiore, ma loro si buttavano a braccia aperte e io fermo lì a guardarli mentre si addentrano dentro se stessi e le loro paure.
Il sabato un po' meglio, ma dentro mi sentivo fermo, non succedeva niente; la sensazione di delusione saliva sempre più, ma oramai sono qui... continuiamo!!!
La domenica è trascorsa con entusiasmo! Una soddisfazione immensa del gruppo.
Li amavo tutti uno per uno.
Sono contento e fiero di aver frequentato il corso.
Lo consiglierei proprio come mi è stato consigliato a me, con grande amore e libertà.

Vincenzo Strozzi

Dal secondo esercizio però ecco emergere una barriera, si interpone tra me e l'oggetto vanificando il mio intento, penso che forse mi è stata concessa un'anteprima del risultato, per incoraggiarmi, perché dovrò affrontare barriere molto difficili e dolorose ma è solo un'altra aspettativa che verrà puntualmente disattesa. Lavoro su queste barriere ma fatico a comprenderne l'origine, a trovarne la natura. Qui entra in gioco la forza della relazione che raddoppia la forza della spinta e mi aiuta tantissimo ad aprirmi, a lasciarmi andare, che è proprio l'area di azione della mia barriera.

Simone Berniga

11

La straordinarietà della tecnica

Senza entusiasmo, non si è mai compiuto niente di grande.

– R.W. Emerson –

La tecnica dell'Intensivo è straordinaria: un meccanismo semplice e funzionale che garantisce risultati importanti. Strumento per l'emancipazione dell'individuo, affinché egli diventi pienamente consapevole, è un'esperienza formativa che produce maturità e svela la bellezza della persona.
Quando un uomo, una donna, una ragazza, un giovane partecipano all'Intensivo, dovrebbero essere consapevoli di disporre di un mezzo straordinario, d'immenso valore, semplice e prezioso come pochi al mondo. Essi dovrebbero sapere di essere per molti versi privilegiati.
Anzitutto sorprende la naturalezza della tecnica dell'Intensivo. È naturale perché aderisce all'indole autentica dell'essere umano e risponde al bisogno di crescere e di progredire, comune all'umanità fin dagli albori.
Il suo punto di forza si colloca nella totale focalizzazione: agire per un unico scopo, raggiungere l'Esperienza Diretta.

Esclude altri obbiettivi e intenzioni. Volere una sola cosa garantisce purezza, accumula e convoglia forza, perché tutte le risorse e tutta l'energia si indirizzano alla meta prescelta. È una scuola di onestà e di trasparenza.

I benefici secondari

Applicata correttamente per tre giorni la tecnica, benché essa si indirizzi a un solo scopo, regala diversi benefici secondari. Il primo è una profonda purificazione della mente e del corpo. La forte e costante spinta nella crescita attiva l'espulsione delle tossine accumulate negli anni.

La dedizione alla ricerca fa emergere il bisogno e il piacere di adottare anche dopo il corso uno stile di vita più pulito ed equilibrato, più adatto a sé. Alcuni decidono di abbandonare qualche abitudine che pregiudica la salute, smettono di fumare o migliorano l'alimentazione.

Secondo effetto collaterale di pregio è l'incremento delle abilità di relazione. La persona migliora la capacità di esprimersi, di dare e ricevere attenzione, comprensione e accettazione. Si rafforzano anche le abilità della mente funzionale come distinguere, decidere, perseverare, decidere, sostenere le difficoltà senza rinunciare. Dopo il corso risulta naturale interagire con gli altri in modo positivo, con maggiore cura e così scoprire inedite opportunità di collaborazione.

Questi benefici si manifestano in modo spontaneo, non occorre che il partecipante li cerchi intenzionalmente durante l'Intensivo.

Se il partecipante desiderasse e cercasse questi vantaggi, smetterebbe di attenersi alla tecnica e di conseguenza rimarrebbe a mani vuote.

Funzionalità della tecnica

La tecnica consiste nel fare l'intento di vivere direttamente se stessi, essere aperti, riconoscere e comunicare quello che emerge come conseguenza dell'intento.
L'intento è un'azione intenzionale, consapevole, libera. Non consiste in un gesto esteriore del corpo, ma in un'azione interiore che l'individuo può compiere. Non è un'attività mentale, un pensiero, un desiderio, un anelito, un sentimento. È uno sforzo, un'azione, un atto interiore.
L'apertura è essere aperti alla realtà, a quello che esiste in noi e attorno a noi, accettare, riconoscere la verità del momento presente e ammettere: "Sì, è così".
La comunicazione è relazione, essere in contatto con un altro individuo, dire la verità del momento presente, essere visti, compresi e accettati. È anche dare attenzione, comprensione e accettazione. La sinergia dei tre elementi in sequenza – intento, apertura, comunicazione – produce un'efficacia straordinaria. L'intento è spinta, è movimento, è andare avanti.
L'apertura è accettazione, essere qui e adesso, accogliere.
La comunicazione è mostrarsi e divenire consapevoli.
La comprensione dissolve i contenuti falsi e sgombra la strada dagli ostacoli. La comprensione afferma quello che è vero, lo chiarisce, lo rafforza e lo rende operativo.

L'individuo riconosce una crescente verità di sé e aumenta la capacità di interagire nella vita con efficacia e con umanità.
Fare l'intento è come camminare, procedere.
Essere aperti è come vedere e conoscere il territorio. Comunicare è come togliere rami e sterpaglie dal sentiero per facilitare il passo.
Essere solo aperti e aspettare, non produce alcun progresso. Spingere con un intento potente e rimanere chiusi ermeticamente non modifica lo *status quo*.
Solo comunicare non basta. Molte persone parlano, parlano... anche bene. Parlano per giorni, mesi, anni ma spesso ne traggono ben scarso beneficio. Parlare da solo non porta risultati, se prima è mancato l'intento di vivere direttamente l'oggetto della ricerca.
La tecnica è come una formula chimica, custodisce una precisa funzionalità interna. La sinergia e l'ordine esatto delle tre componenti produce un intenso processo di crescita. L'individuo si sposta dalla sua posizione di partenza verso una maggiore consapevolezza e una maggiore verità di sé.

La tecnica è auto-correttiva e cumulativa

Quando il partecipante applica la tecnica, anche se con lievi inesattezze, gradualmente si perfeziona. Se mancasse questa qualità, molti avrebbero rinunciato. Invece, prova e riprova, con energia e sforzo sincero nell'intento, i partecipanti si accorgono di maneggiare uno strumento che funziona perché è basato sulla verità.

Quando una tecnica si auto-rafforza e si rigenera, chi la sta applicando sente a ogni passo di avvicinarsi al meccanismo perfetto, capace di centrare l'obiettivo. Ha la percezione di progredire in una direzione ed è motivato ad accelerare.
Da principio i partecipanti sono pieni di dubbi sul fatto che stiano praticando correttamente l'intento, non sanno come aprirsi di più e come farsi comprendere, ma ci provano.
***Tentare di fare* insegna ai partecipanti *come fare*.**
Tentando onestamente più e più volte, a un certo punto il partecipante ha la percezione di *come* fare la tecnica, sino a raggiungere la certezza di applicarla correttamente.
Con il passare del tempo e con l'esperienza, i partecipanti si avvicineranno sempre più alla tecnica così come è stata descritta. Dopo un numero di intenti e di comunicazioni si accorgeranno che si occupano soltanto delle idee che hanno di sé, senza però afferrare la vera essenza di sé. Scopriranno così un nuovo mordente: vorranno vivere direttamente chi sono. Non si accontenteranno più di un pensiero che dopo pochi minuti si svuota di significato, ma vorranno una verità di sé più vera, più profonda, più grande.
Quando la persona pratica la tecnica in modo esatto, produce all'istante dei risultati e sente di incamminarsi sulla buona strada. Lo sforzo nella direzione giusta si rafforza subito con un progresso reale.
La virtù della tecnica di essere auto-correttiva si manifesta anche sul versante negativo. Se il partecipante commette un errore, non ottiene l'immediato rinforzo positivo; allora si ferma e riprende la sequenza esatta. Questo è un sicuro vantaggio.

L'auto-correzione della tecnica facilita l'autonomia del ricercatore, che procede verso l'Esperienza Diretta con il suo stile e i suoi tempi. Questo approccio permette che egli si emancipi e che cresca in autostima, sicurezza e fierezza di sé.
I partecipanti sono persone collaborative che, comprese le basi, praticano al loro meglio la tecnica; di norma dopo mezza giornata di lavoro continuo e serio la acquisiscono appieno. Procedono con le loro forze e diventano capaci di correggersi da soli.
Una volta acquisita, si pratica la tecnica in modo continuativo. In alcuni momenti il partecipante, benché sappia che cosa e come fare, sente il bisogno di relazione, di contatto umano e si dilunga un po' nel comunicare e nel condividere. Ricevuta la giusta comprensione riprende la tecnica e prosegue con le sue forze verso la vetta.
Inevitabilmente il partecipante si imbatte nelle difficoltà, come il viandante incontra un tunnel buio. L'unica soluzione è proseguire nell'oscurità fidandosi della tecnica, come il non vedente si affida al suo cane guida. Anche le turbolenze emotive scuotono e abbattono il partecipante, che si aggrapperà alla tecnica come il naufrago afferra e tiene con forza una tavola galleggiante in mezzo alla tempesta. Aiuta anche la seconda virtù della tecnica, quella di essere cumulativa. I singoli sforzi si sommano, segnano una direzione e danno certezza del percorso da compiere.
Che la situazione sia gradevole o difficile, il partecipante dovrebbe domandarsi: "Che cosa posso fare per applicare meglio la tecnica?"

Quando non funziona?

La tecnica non funziona in un solo caso: quando la persona non la applica.
Questo è un concetto fondamentale. La tecnica non funziona solo ed esclusivamente quando il partecipante non la fa, perché ogni volta che la applica progredisce.
La tecnica è come una bicicletta, quando si pedala, si muove. Se non si sposta, è segno che nessuno pedala.
Alcuni vorrebbero avere *prima* il risultato, o almeno vorrebbero la garanzia assoluta di ottenerlo in breve tempo. Solo a questa condizione sarebbero disposti a fare la tecnica.
Questo però è impossibile, com'è impossibile prima raggiungere la cima e poi salire la montagna.
Spesso le persone temono di rimanere deluse, di impegnarsi tanto e di non ottenere nulla in cambio. I tentennamenti iniziali sono comprensibili ma andrebbero abbandonati velocemente, perché il corso è un processo di crescita vivo e autentico. Merita compierlo al massimo.
La tecnica dell'Intensivo funziona sempre, ogniqualvolta la persona la applichi in modo accurato e in qualunque momento cominci a farlo.

> *L'Intensivo mi ha spostata come persona e credo sia la cosa più significativa che abbia mai fatto per me stessa.*
>
> *Cristina*

Ho raggiunto una conquista enorme: la bellezza di mostrarsi!

Chiara

Ho sentito di essere me stesso, di andare bene così come sono, e in particolare mi sono sentito in unione con tutto e con tutti.

Matteo

Non esiste "altro da me", è tutto coscienza indifferenziata: uno specchio nel quale mi vedo riflesso.
Esisto in ogni cosa che esiste, ogni cosa è me. L'amore ingloba tutto. Pulito lo specchio cosa resta? Consapevolezza che riflette se stessa.

Agostino Famlonga

Grazie di tutto, per la prima volta in 41 anni mi sono veramente sentito io, mi sono voluto bene e mi sono stimato.

Luca

Stamattina sento "i fiori tra l'asfalto".
Aspetta.
In realtà sento solo i fiori.

Simone

12

Conoscersi

Il tuo passato non puoi cambiarlo...
però puoi lasciarlo andare per non riviverlo continuamente.

– Lorenzo Capuano –

Quando la persona si addentra nel conoscere progressivamente di più se stessa, avverte l'esigenza di una visione più ampia, di conoscere più a fondo la natura dell'essere umano. Allora si domanda: "Che cos'è l'Esperienza Diretta? Come e perché accade? Qual è il rapporto tra l'Esperienza Diretta e le esperienze sperimentate nella percezione duale? Quali cambiamenti avvengono nella crescita personale?"
I quesiti aprono temi di riflessione, ma non hanno lo scopo di elaborare ragionamenti validi e arrivare a conclusioni esaustive, sono invece strumenti per sperimentare in prima persona. Le parole non vogliono placare la sete di conoscenza ma accendere la motivazione e indicare il percorso che porta alla conoscenza diretta.
L'Esperienza Diretta è un evento soggettivo. È la quintessenza della soggettività, va oltre il regno dell'*oggettivo.*

Nell'Esperienza Diretta l'*oggettivo* termina. Non c'è più un punto di vista in merito alla verità di sé, perché il partecipante e la verità di sé sono la stessa cosa.
Nonostante pratichi una tecnica precisa, il partecipante ha la percezione che l'Esperienza Diretta si presenti da sé, non come conseguenza della sua azione. Semplicemente accade. L'evento custodisce una naturalezza e una semplicità inspiegabili e per queste caratteristiche sembra un enigma, perché il partecipante non sa come riprodurlo.
Come l'individuo passi dallo stato duale allo stato diretto rimane impenetrabile. È difficile sviscerare il passaggio, perché esso non avviene in modo lineare. Si osserva sempre un'interruzione, un salto quantico, un cambio di stato che rimane indescrivibile. Non esiste un percorso continuo composto da passi conseguenti. Si riscontra sempre un'interruzione superabile, e di fatto superata, solo da un intento forte, dove il partecipante dà tutto se stesso con desiderio bruciante.
È utile distinguere l'Esperienza Diretta in sé dai vissuti che la precedono e che la seguono.
Spesso si manifestano sensazioni fisiche, emozioni, immagini mentali, che accompagnano lo stato di unione indifferenziata e catturano l'attenzione, ma non sono l'Esperienza Diretta. Sono effetti secondari o collaterali con tratti distintivi variabili; possono esserci o no. Non costituiscono un riferimento valido ed è bene che il partecipante non presti loro troppa attenzione.
All'Esperienza Diretta spesso si associa un fenomeno: un'intuizione, un insieme di immagini vivide e lucide che si stagliano nella mente, una risata irrefrenabile... una soddisfa-

zione e una pienezza prima inimmaginabili e ora indicibili, seguiti da comprensioni e scoperte. A volte appaiono nuove forme di amore incondizionato e uno sconfinato senso di libertà sino a percepire sé come una singolarità infinita. A volte il partecipante prova solo un leggero movimento, come un delicato soffio d'aria.

A volte la mente come un fuoco di artificio esplode in mille idee. A volte sgorga solo un irrefrenabile pianto liberatorio. Fenomeni diversi, ma accomunati tutti da una sorta di sorpresa.

Il fenomeno può anche mancare: un istante di Esperienza Diretta, puro ed essenziale.

La presenza o la mancanza dei fenomeni non indica che l'Esperienza Diretta sia accaduta o meno; questi possono essere piacevoli e utili ma non sono fondamentali, perciò è bene che il partecipante li viva con serenità e libertà, senza aspettative, senza eccessive elaborazioni. Egli continua a dare la priorità a conoscere la verità essenziale di sé.

Per comprendere che cosa accade quando per un istante si manifesta uno stato diretto, serve prima comprendere il concetto di identificazione.

L'individualità consapevole è consapevolezza pura, che descriviamo anche come *sapere di essere.*

Dalla nascita in poi, anno dopo anno, la pura consapevolezza si è identificata con qualcosa che in realtà non è.

L'identificazione è questo: l'individuo consapevole crede di essere qualcosa che non è.

L'effetto dell'identificazione è che la persona non sa chi è veramente.

Se un ragazzo subisce molte derisioni perché sbaglia e si sente sopraffatto, forse si identificherà con essere una persona sbagliata. Invece di percepire se stesso (io sono) e di conoscere se stesso (io so chi sono io), assumerà una falsa identificazione (io sono sbagliato) e perderà la conoscenza di sé (io non so chi sono).

Se il giovane approderà a un Intensivo e si porrà la domanda "Chi sono io?", invece di essere certo della verità essenziale di sé, avrà dei dubbi, si sentirà sbagliato e dovrà applicare a lungo la tecnica per superare gli ostacoli che lo separano da sé.

Identificarsi in qualcosa significa ritenere di essere quello che in realtà non si è.

Quando l'individualità consapevole si identifica con un modo di essere, come in una sorta di oblio perde la coscienza della condizione precedente, dimentica il suo *essere* prima dell'identificazione. Il ragazzo che crede di essere una persona sbagliata non riesce a ritornare nel vissuto precedente, come era prima di identificarsi con questo giudizio; come se un attore assumesse un ruolo e dimenticasse chi è veramente. Le identificazioni cominciano dalla prima infanzia e derivano dagli eventi sopraffacenti e insostenibili. Una volta insediate nella personalità le false identificazioni (chi una persona crede di essere) vengono elaborate con pensieri e atteggiamenti sino a credere che siano vere. Queste identificazioni sembrano normali parti del carattere, eppure non lo sono.

Applicando la tecnica dell'Intensivo, il partecipante porta l'attenzione a se stesso, alla verità di sé, all'essenza di sé.

Una massa critica di attenzione sulla verità di se stesso fa vacillare le false identificazioni che appaiono sempre più come delle maschere, modi vuoti di dire e di fare. Nell'Intensivo si avvia un processo di "de-identificazione": il partecipante diviene consapevole che non è quello che credeva di essere. Se per esempio era convinto di essere una persona superiore o inferiore, a un certo punto scopre di non essere né superiore, né inferiore. Le false identificazioni assunte in passato si sgretolano, si dissolvono e lasciano spazio a se stessi e alla propria espressione autentica. Il soggetto abbandona l'idea di sé, "quello che credo di essere", e scopre la verità "io sono". Praticare la tecnica dell'Intensivo spinge con forza in superficie le identificazioni, le porta alla consapevolezza per integrarle e superarle. Il processo di de-identificazione è un progetto di importanza e spessore notevoli, specie perché le persone non si sono accorte di ritenere definitive delle credenze che non sono fondamentalmente vere.

L'identificazione contiene un atteggiamento verso la vita: essere *un tipo di persona*. L'elaborazione delle impressioni avviene dallo stato di esistenza corrispondente a quel *tipo*. Le conseguenze sono significative. La persona, senza saperlo, colora ogni evento con la sfumatura specifica dell'identificazione e l'evento assume esattamente quel sapore. Se io sono identificato con l'essere sbagliato, ogni evento avrà questa caratteristica e mi darà conferme: "Sono davvero una persona sbagliata".

L'identificazione psicologica funziona come un filtro: le esperienze passano attraverso il filtro e vengono adattate all'interpretazione assunta.

Facciamo l'esempio di una giovane donna che si identifica con "Io non sono abbastanza brava e non sono mai all'altezza della situazione". La donna è convinta di essere inadeguata ed esperisce ogni evento in questo modo. Se esegue un compito alla perfezione, lo svaluta e lo sminuisce; se commette un errore, lo sbaglio conferma la sua inadeguatezza. In ogni caso i fatti assicurano che la sua teoria di fondo è esatta. Supponiamo che sua sorella si identifichi con "Sono la migliore in assoluto". Ogni sua azione è strabiliante e, quando sbaglia, non se ne accorge o lo giustifica con ragioni convincenti. Proviamo a immaginare le due sorelle in corsa verso la stazione dove arrivano tardi e perdono il treno. La prima si sentirà inadeguata, la seconda offesa dal contrattempo e certa che il treno ha perso molto non annoverandola tra i passeggeri. Ognuna sperimenta la realtà attraverso il suo filtro psicologico. La stessa esperienza si scompone in due esperienze diverse, secondo il tipo di identificazione assunto. Ogni sorella colora e interpreta la stessa situazione con tinte psicologiche diverse. Qualsiasi cosa le due sorelle vedano, facciano, abbiano, sentano... essa è alla luce delle loro credenze assunte. Nessuna delle due interpretazioni è reale, entrambe sono viziate e condizionate. Gli eventi passano attraverso le personalità, che li filtrano e alterano, ma chi esse sono veramente non è direttamente coinvolto in alcuna azione.

Quando, applicando la tecnica, nel partecipante emerge un'identificazione, per esempio "sono inadeguato", con essa affiorano anche le catene associative delle esperienze vissute attraverso questo filtro.

Ricorda un lungo elenco di situazioni che confermano la sua teoria: quando ha sbagliato, quando ha dimenticato, quando è stato incapace. Ricorda i giudizi degli altri e il dispiacere che questi gli hanno provocato.
Con la comunicazione dei contenuti, che si presentano come conseguenza dell'intento, si verifica un potente processo di crescita: le identificazioni prima divengono consapevoli, poi gradualmente si sbriciolano e infine si dissolvono.
I contenuti emergono dall'inconscio, invadono la consapevolezza e, dopo la comunicazione e la comprensione, evaporano. La mente prima congestionata si alleggerisce, abbandona la forma innaturale e l'attenzione si rivolge alla verità di sé. La mente gradatamente si svuota, si pulisce e inizia a riconoscere l'individualità essenziale e consapevole, che sta alla base della personalità.
L'identificazione "sono inadeguato" si dissolve, rimane il ricordo ("In alcune esperienze passate mi sono sentito inadeguato") che diventa lezione di vita, ma non condiziona né limita più l'individuo.
Continuare a praticare la tecnica quando emergono queste identificazioni radicali è impegnativo e frustrante, perché il partecipante non ottiene risposte diverse dal sentirsi come non vorrebbe. Il partecipante si sente inadeguato, fa l'intento e come conseguenza crede ancora più intensamente di essere inadeguato. Ogni passo gli ri-conferma la sua inadeguatezza. Rischia di non praticare correttamente la tecnica, perché è fortemente tentato di liberarsi dello stato sgradevole; sente l'impulso a estraniarsi, a osservare se stesso da lontano come un osservatore distaccato.

Si distrae, pensa ad altro oppure approda in uno spazio vuoto. All'inizio proverà sollievo, ma dopo pochi minuti si lamenterà perché "non sente nulla". Anche qui penserà di non poter fare l'intento, perché non ci sono sensazioni. Sentirà il bisogno di cercare degli stimoli, di far accadere qualcosa e avrà un'ulteriore conferma della sua inadeguatezza.
La soluzione resta la stessa: fare l'intento di vivere direttamente se stesso proprio qui, adesso e così com'è, con fastidiosi giudizi su di sé o privo di qualunque sensazione.
La precisione e la concentrazione aiutano il partecipante; è decisivo che non si lasci distrarre dai vissuti che emergono, per quanto drammatici, fastidiosi o sgradevoli siano. All'apice della sensazione negativa il partecipante affronta la sfida di volgere l'attenzione alla verità essenziale di sé: fare l'intento di vivere direttamente chi è lui. Chi si sente inadeguato?
Se si atterrà alla tecnica il velo dell'identificazione cadrà, mettendo in luce il meccanismo psicologico che infonde credibilità ai giochi della mente.
Possiamo anche concepire il processo di de-identificazione come smettere di fissare l'attenzione su qualcosa che non siamo, per ricadere nella naturale coscienza di noi.
Quando il partecipante comincia a comunicare chi non è: "Io non sono una persona inadeguata, io non sono sempre fuori posto", è segno che sta affrontando le sue false identificazioni. Quando si rende conto che "quell'identità limitante che credevo di essere" è ingannevole e fuorviante e che può liberarsene, il partecipante compie un'azione fondamentale per conoscere se stesso. Comincia per lui una fase propizia improntata a un rapido progresso.

Quando il partecipante ha svelato il gioco di alcune identificazioni si sente libero e maturo, esprime veramente se stesso e assume le sue responsabilità. Diventa più efficace nell'applicare la tecnica perché non agisce più come una persona incapace o infelice o attraverso qualche altra identificazione. Vuole veramente scoprire chi è lui.

Come il pendolo oscilla a destra e a sinistra, così anche la ricerca ha un percorso altalenante che viaggia tra due opposti. Dissolte le identificazioni spesso il partecipante incontra un territorio di inesistenza. Opposto all'esistere rigidamente in un certo modo appare il vuoto totale. Si tratta ancora di uno stato dell'essere con il quale il soggetto si identifica, è l'opposto di essere qualcosa ma non è l'Esperienza Diretta.

Il partecipante oscilla nell'esplorazione dei contenuti: "Tutte le cose che sono, che voglio, che so, che ho; tutte le cose che non sono, che non voglio, che non so, che non ho". È un territorio che si attraversa e si procede proprio come in un viaggio.

Nell'Intensivo ogni esperienza è un'opportunità per conoscere di più se stessi e la tecnica con la sua efficacia prodigiosa assicura una quantità di esperienze diverse in un lasso di tempo breve. L'evento principe, l'unico ricercato e voluto, si riconferma l'Esperienza Diretta, quella è la perla da trovare.

Nonostante le comprensioni profonde e le scoperte, il partecipante non si accontenta più di un risultato parziale. Vuole andare oltre. Che cosa ancora lo frena? Potrebbe essere un tranello sottile: aspettarsi qualcosa di diverso da sé.

Il fatto è davvero curioso, dato che con la tecnica egli cerca di esperire se stesso, eppure è assai frequente.

La persona devia da sé a causa di un'aspettativa dotata di un forte potere, distoglie l'attenzione dall'obbiettivo.
Un Maestro Zen raccontava una storia su un uomo che voleva l'illuminazione. L'uomo si mise in cerca di un maestro, un *roshi.* Montato a cavallo girovagò a lungo per la regione finché s'imbatté nel maestro. Sceso di sella, s'incamminò verso il *roshi* e disse: "Io voglio trovare la verità di me stesso. Ho cercato ovunque."
Il maestro rispose: "Ebbene, perché non cerchi un cavallo?"
L'uomo osservò: "*Be',* ho già un cavallo."
Il maestro sorrise e se ne andò.
Questo accadde nella storia e questo è quanto accade a coloro che cercano se stessi. Quando nell'Intensivo il partecipante cerca l'Esperienza Diretta, la risposta è egli stesso. Ecco perché molti sono colti da una risata incontenibile quando sperimentano direttamente chi sono: realizzano questo. Rimangono colpiti da una cosa ovvia: la verità che cercano sono integralmente e completamente loro.
Pensano: "Come ho potuto non rendermi conto di una cosa simile?" Niente è più evidente, ma i contenuti della mente ci hanno impedito a lungo di accorgercene. A qualcuno sembra di essere incappato in un inganno innocente, perché con l'Esperienza Diretta non ottiene nulla che non possieda già. Tuttavia vale la pena compiere ogni sforzo necessario per scoprire veramente se stessi.
L'Esperienza Diretta accade quando il partecipante diviene direttamente e completamente cosciente di se stesso. Non c'è un processo, rimane solo uno stato di unione e di completezza totalizzante.

Nessuna separazione, nessuna interpretazione, nessuna percezione processuale tra sé e se stessi. Nel momento dell'Esperienza Diretta la persona scopre che non c'è mai stata separazione e che la separazione era un'illusione. In quell'istante la persona riacquista la totale integrità di consapevolezza. È un attimo di bellezza indicibile e di armonia.
Avviene un cambiamento fondamentale dello stato di coscienza: prima il soggetto si trovava in un uno stato di coscienza duale e dopo si trova in uno diretto.
Il partecipante diviene direttamente cosciente della verità soggettivamente assoluta di se stesso. È uno stato di unione cosciente che è per sua natura totalizzante e mostra il limite delle identificazioni con qualcosa di parziale.
L'Esperienza Diretta è una pura esperienza del sé.
La persona percepisce l'Esperienza Diretta come profondamente giusta, perché l'individuo finalmente possiede pienamente se stesso. La percepisce anche come sommamente gratificante al punto da giustificare ogni sforzo compiuto per raggiungerla.
L'Esperienza Diretta è paragonabile alla vetta di una montagna. Serve un impegno straordinario per raggiungerla, ma dalla cima lo scalatore ammira un panorama vasto sino all'orizzonte. È un traguardo d'immenso valore che, trascorso un periodo di gioia e di appagamento, si muta in un inizio nuovo.
Da qui comincia un'espressione autentica di sé e nuove logiche per interagire in modo più corretto nella vita. Da qui la persona capisce il viaggio compiuto e i meccanismi di funzionamento della tecnica che lo hanno condotto sino alla vetta di sé.

Ora possiamo fare una distinzione tra la coscienza e la consapevolezza diretta, priva di processi.

La coscienza è uno stato che esiste tra gli individui. Due persone, l'una di fronte all'altra, si guardano e lo scambio di attenzione genera coscienza.

La coscienza è una facoltà, ma non è l'individuo stesso. Il fattore che ci rende coscienti è il confronto con qualcosa di diverso da noi.

Il principio si estende ai vissuti: "Quello che io comunico e comprendo diventa cosciente; quello che reprimo sprofonda nell'inconscio".

Tutto quello che conosciamo di noi stessi è utile. Quello che è inconscio di noi stessi ci condiziona e ci limita.

La consapevolezza non duale è esserci. È uno stato dell'essere che non contempla processi di sperimentazione. È unione, la consapevolezza è di per sé completa, totalizzante, autobastante. La consapevolezza si manifesta con sapere di essere: "Io so chi sono io".

Nello spazio di consapevolezza esprimiamo noi stessi e agiamo in modo intenzionale. Dall'inconsapevolezza scattano invece reazioni automatiche, agiamo come non vorremmo, siamo come non vorremmo.

La tecnica dell'Intensivo porta l'attenzione sulla verità di se stessi, permette ai vissuti sedimentati nella mente di emergere, di essere comunicati e compresi e di divenire consapevoli.

Quanto il partecipante si permette di uscire allo scoperto, di essere accolto e compreso da un'altra persona, tanto sarà cosciente di se stesso.

Sarà cosciente tanto quanto lo scambio potrà avvenire. Sono determinanti l'attenzione, la comprensione, l'apertura scambiate vicendevolmente.
La qualità delle relazioni definisce la misura del risultato: migliori sono le relazioni, maggiore è il risultato.
Pur conoscendo questi principi, ai partecipanti risulta difficile aprirsi e presentare la verità di sé, perché sono rimasti trincerati troppo a lungo dietro i soliti atteggiamenti. Le persone mostrano cose diverse da sé, perché temono che gli altri non accetteranno quello che sono realmente. Intuiscono che dopo un'espressione sincera il rifiuto proveniente dall'altro causerebbe un dolore più acuto che non mentire e fingere.
L'apertura e la coscienza vengono dal contatto reciproco, dalla relazione, per questo l'Intensivo le promuove e le coltiva senza sosta, intento dopo intento. L'alternanza dei ruoli è determinante perché ogni partecipante sperimenta le due posizioni: dare fiducia a chi ha di fronte e comunicare se stesso, ricevere la fiducia dal partner attivo che esprime la verità di sé. Ad ogni comunicazione la persona accresce un po' il suo coraggio e mostra un po' di verità in più, sino a scoprire che non pagherà conseguenze negative, anzi il compagno di esercizio vede e apprezza la verità. Se la verità è un grande malessere, l'altro la comprende e con la comprensione più facilmente essa si dissolverà. Se la verità è una grande virtù personale, la comprensione la rafforza e la afferma.
Ecco perché la tecnica funziona.
Ecco perché la tecnica dell'Intensivo è uno strumento straordinario per conoscersi.

Durante la mia ricerca una delle prime immagini che è arrivata è stata quella di un condominio: è stato come percepire che vivessi in appartamenti separati, come se sapessi che chi sono io abita in quel preciso appartamento, ma è semplicemente un vicino di casa.
Un'altra immagine, tra quelle più rilevanti, è stata quella della quercia che si trova a casa dei miei genitori, che in realtà è un bellissimo albero, grande, potente, ma è talmente familiare che non la guardo quasi più. Ho percepito di aver messo una bella corazza tra chi sono io ed il mondo esterno. Poi... ho acquisito la consapevolezza di avere già tutto dentro ed ho esperito direttamente un piccolo spiraglio di apertura su chi sono io.

Debora

Sento che il profondo cambiamento strutturale che ho vissuto si sta completando, percepisco un cambiamento di peso specifico dell'essere che ora è protagonista in me, neutra origine, albero maestro della mia Vita.
Vi abbraccio

Simone

13

Superare la crisi

Tutto viene per passare, nulla viene per restare.

– Matthew Flickstein –

Tutto il processo dell'Intensivo si basa sulla verità. Riconoscerla momento per momento, presentarla, esprimerla e condividerla conduce il partecipante al limite della sua condizione nota. L'aderenza ininterrotta alla verità sfocia in una crisi.

La crisi è un'intensa prova di crescita, uno passaggio stretto dal conosciuto all'ignoto. La crisi è un segnale positivo perché si manifesta solo quando ci poniamo e perseguiamo uno scopo autentico, evolutivo. Solo quando ci prefissiamo un obiettivo e ci impegniamo concretamente per conquistarlo, ci imbattiamo in un ostacolo che sentiamo insuperabile. Questo è il tratto inconfondibile della crisi.

Se un una persona cammina in montagna ed è certa che giungerà a destinazione, incontrerà delle difficoltà ma non una crisi. Se invece teme di non arrivare al rifugio ancora lontano mentre la bufera la colpisce duramente, allora è in crisi.

La definizione esatta è: **la crisi è una difficoltà che penso di non poter superare.**
La crisi si affaccia solo dopo che abbiamo puntato una meta e dopo che ci siamo posti uno scopo preciso. Non ci troveremo mai in crisi, se non ci sforziamo con onestà per ottenere qualcosa. Se manca un investimento concreto, la crisi svanisce in un baleno non appena ci distraiamo, pensiamo ad altro e rinunciamo.
I partecipanti che applicano la tecnica per un tempo che va dalla mezza giornata alla giornata e mezzo, entrano in crisi. Si imbattono in qualcosa in apparenza insormontabile. Non è realmente insormontabile, ma a loro sembrerà così.
La crisi è un buon segno, indica un ottimo impegno: è importante che anche i partecipanti la valutino così.
I partecipanti non dovrebbero tentare di sottrarsi alla crisi, dovrebbero affrontarla correttamente: sostenere e attraversare la difficoltà, imparare dall'esperienza e integrare i vissuti correlati alla sofferenza e ai disagi percepiti. Anche la crisi rientra nel viaggio per arrivare alla verità di sé. Se conseguire un'Esperienza Diretta fosse semplice, qualsiasi persona curiosa l'avrebbe già ottenuta, ma non è un compito facile.
Per migliaia di anni, in ogni luogo della Terra aspiranti sinceri hanno cercato questa elevatezza e completezza interiore, eppure solo pochissimi l'hanno raggiunta. Molti hanno dedicato tutta la vita alla ricerca, hanno praticato tecniche, studiato metodi, si sono isolati dal mondo, hanno servito gli altri con dedizione. Solo un ridotto numero di persone ha acceso un processo cognitivo inedito e ha scoperto la verità di sé e dell'esistenza.

Se la strada si è rivelata tanto ardua in passato, sarebbe ingenuo credere che il cammino dei partecipanti dell'Intensivo sia agevole ora. Grazie al metodo, alla tecnica e alle relazioni di alta qualità impiegheranno meno tempo, ma non crediate che ci siano da affrontare problemi di minore entità. Le difficoltà e le prove saranno le stesse a prescindere dal metodo e dal percorso intrapreso.

La tecnica dell'Intensivo è la locomotiva della crescita, tuttavia nell'affrontare la crisi il coraggio personale gioca un ruolo decisivo. La tecnica non esclude gli ostacoli che si incontrano sul cammino dell'emancipazione bensì aiuta a restare sul sentiero principale e a non deviare troppo. Quando però i rovi ostruiscono il passaggio, i partecipanti si trovano fra le spine e devono rispondere con umanità e coraggio. La persona per proseguire deve attingere a questa forza intimamente soggettiva.

L'approccio dell'Intensivo è intenso, come dice il nome, affronta i processi di crescita in modo accelerato, pertanto i problemi arrivano più rapidamente e in forma più concentrata rispetto a quando si avanza lentamente.

I partecipanti non evitano gli ostacoli per raggiungere l'emancipazione della propria individualità consapevole. Se credono ingenuamente che non si imbatteranno nella crisi, si sbagliano; incontreranno barriere che penseranno di non poter superare. Non riusciranno a vincere la prova, a meno che non trovino il coraggio d'affrontarla, anche quando saranno persuasi di non farcela.

Le crisi possono essere mentali, emotive, fisiche o coinvolgere i tre aspetti insieme. Le diverse manifestazioni possono avvenire l'una dopo l'altra o mescolarsi fra loro.

Le crisi mentali si manifestano con convinzioni molto credibili: "Non ci riesco, non sono bravo, non capisco, non me lo merito, ho paura di sbagliare, ho rovinato tutto". Si tratta di affermazioni seducenti, è facile crede ciecamente, identificarsi e rifiutare altre opzioni.
Le crisi fisiche hanno la forma di malesseri di vario genere, spesso inspiegabili o immotivati: mal di testa, mal di pancia, sonnolenza... Le crisi emotive attivano sentimenti intensi o difficili, in apparenza insostenibili e insuperabili come strade senza via d'uscita. **Lo scopo della crisi è: non fare.**
La crisi suggerisce di fermare la ricerca, smettere di applicare la tecnica e fuggire.
Una dimostrazione del meccanismo della crisi: se smettiamo di praticare la tecnica tutti i sintomi svaniscono all'istante, perché hanno ottenuto l'effetto voluto. Tornano ad affliggerci immediatamente se riprendiamo la tecnica.
Al mio primo Intensivo mi colse la febbre, stavo veramente male. Credevo di dovermi ritirare dal corso. Il maestro mi domandò se al mio arrivo ero già malato, ma io quando mi ero presentato al corso stavo bene. Mi ricordai che nell'infanzia si ripeteva il fenomeno, mi ammalavo ogni volta che dovevo affrontare una prova difficile. Seguii il consiglio di perseverare, ritornai all'esercizio di comunicazione e ripresi la tecnica. La febbre e il malessere riapparvero e peggiorarono ma non potevano più fermarmi, avevo riconosciuto il *sabotatore* e avevo deciso di non subirlo. Ero determinato a proseguire. Attraversai e superai la crisi cambiando così la mia vita. Quella era una crisi fisica ma altrettanto insidiose sono le crisi emozionali e mentali.

Una persona gentile, delicata e rispettosa, tesse le lodi dell'Intensivo, di quanto sia ammirevole l'impegno di tutti, ma alla fine spiega che non le si addice, che non è il suo posto, che non è il metodo confacente al suo carattere e vuole abbandonare il corso. Anche questa è una crisi da sostenere e da superare. Le spiegazioni sono convincenti, ma resta una crisi.
I partecipanti non dovrebbero seguire la loro convinzione momentanea, perché tra una decina di minuti probabilmente essa cambierà e si sentiranno fortunati e grati dell'opportunità di frequentare il corso. Se la crisi è emersa, significa che hanno lavorato bene, che hanno fatto l'intento e che si sono imbattuti nell'ostacolo. Chi non applica la tecnica lascia semplicemente passare il tempo, si guarda intorno e non capisce perché tanti compagni incappino nelle difficoltà. Egli non ne ha e sembra un vantaggio, ma se non cambia approccio non otterrà nemmeno risultati. E questo sarebbe un vero problema.

Quello che ti ha portato in crisi, ti porterà fuori dalla crisi

Per attraversare la crisi nel modo giusto soccorrono due principi di studio da conoscere e poi mettere in pratica, perché molti errori, rinunce e fallimenti sono solo crisi non superate correttamente.
Il primo principio spiega la soluzione alla crisi: quello che ti ha portato in crisi, ti porterà fuori dalla crisi. L'azione (eseguire la tecnica) ci ha portato in crisi e continuare la stessa azione ci condurrà fuori dalla crisi. Non serve cercare attività diverse, basta proseguire con la stessa azione.

Se una persona entra in un tunnel camminando, per uscire e tornare alla luce deve continuare a camminare.
Tentare di uscire dalla galleria inventando altri comportamenti come disegnare o impegnarsi in calcoli matematici, non l'aiuterà. Serve che continui a fare un passo dopo l'altro.
Fin da piccoli nella difficoltà ci siamo abituati a spostare e a dirigere l'attenzione altrove in cerca di distrazione e sollievo. L'abilità sta all'opposto: riportare l'attenzione all'obiettivo scelto e fare esattamente la stessa cosa, proprio quella che ha portato alla crisi. La capacità di mantenere la disciplina ci rende forti ed efficaci. Alla fine saremo fieri di noi stessi.

Quello che la crisi include, la crisi esclude

Il secondo principio ci illustra la natura e l'utilità della crisi: quello che la crisi include, la crisi esclude. Ogni volta che attraversiamo una difficoltà con un impegno di crescita maturiamo un aspetto di noi e della vita. Quello che prima era ignoto-difficile, diventa noto-facile: impariamo e non incontreremo più quella barriera.
Essere consapevoli del principio rinsalda la motivazione e dà una ragione in più per non cedere. Affrontare e sostenere la difficoltà, senza ritirarsi, è un impegno di crescita importante perché significa conquistare maturità personale. In futuro la stessa esperienza non sarà difficile. Sarà acquisita.

Il sostegno

Quando il partecipante entra in crisi, la cosa di cui ha bisogno è l'appoggio umano: sentire che qualcuno è in contatto con lui e vuole che egli riesca. Servono due ingredienti, essere insieme, essere vicini, non soli, e tenere la finalità: "Tu puoi riuscire, vai avanti, continua a lottare per il tuo obiettivo".

La relazione abbinata alla finalità è preziosissima, perché aiuta a crescere veramente e la crescita avviene con profonda umanità, con gratitudine. Danno un aiuto enorme le persone che hanno già vissuto sulla loro pelle che cosa significa entrare in crisi, credere di non potercela fare, continuare e riuscire. Grazie all'esperienza passata, esse assicurano un vero aiuto perché sanno che, contro ogni apparenza, la persona in crisi davvero potrà superare la sua difficoltà e che merita impegnarsi a farlo. Sanno che rinunciare indica debolezza e non porta vantaggi.

Le relazioni dei partecipanti nell'Intensivo poggiano sull'attenzione scambiata esercizio dopo esercizio, sulla comprensione vicendevole e sulla reale potenzialità di ciascuno di fare un intento in questo momento, e poi un altro e un altro ancora… dieci, cento intenti. Attenendosi alla tecnica, la crisi sarà superata. Si tratta di una verità, una possibilità reale; la vediamo e la facciamo sentire. Ogni partecipante sostiene i compagni di viaggio e quando si imbatte in una difficoltà, riceve a sua volta sostegno. L'aiuto reciproco scorre in molti canali d'espressione: la fiducia, la lealtà, l'impegno costante espressi con parole, con amore, con la presenza, con l'esempio nel continuare a fare la tecnica in ogni situazione.

Quando le persone agiscono e mostrano queste virtù, nascono il rispetto e la forza, l'umiltà e la grandezza. All'Intensivo i partecipanti imparano che sempre e in ogni occasione sono in grado di fare un intento, un passo.
E un passo dopo un altro porta ogni persona attraverso la crisi per quanto grave, coinvolgente, drammatica essa sia.
Se immaginiamo di dover costruire da soli la muraglia cinese, ci assale lo sconforto e crediamo di non riuscire. Se pensiamo di prendere un mattone e di posarlo sopra un altro, senza riflettere sull'imponenza e lunghezza della muraglia, allora sì possiamo procedere!
All'apice della crisi qualche partecipante sbotta: "Se avessi saputo che era così difficile, non sarei venuto all'Intensivo!" Anche i partecipanti che hanno già passato molti Intensivi entrano in crisi e capita che si sfoghino: "Sapevo benissimo quanto è difficile e l'ho fatto di nuovo!"
Il partecipante in crisi riporta semplicemente l'attenzione alla tecnica.
Il partner che ascolta appoggia l'attenzione sul partner attivo in crisi come individuo consapevole e lo sostiene. Ha l'intenzione che egli pratichi la tecnica e che sperimenti direttamente *chi è* lui veramente, al di là della drammatizzazione. Nella crisi serve mantenere il contatto autentico, profondo, consapevole e intenzionale. Rimanere in relazione, fronteggiare le diverse manifestazioni e decretare il fallimento dei giochi e delle distrazioni. Rimanere in relazione assegnando la vittoria a una direzione: l'intento che porta all'Esperienza Diretta. La relazione, rafforzata da un'intenzione autentica, aiuterà a trovare la strada.

Data l'importanza della crescita, ogni persona che prende parte all'Intensivo dovrebbe impegnarsi a essere un partecipante che vuole e sa fare la tecnica, che sta in relazione con i "compagni di viaggio", che fanno la stessa cosa.
Questa condizione assicura il successo dell'Intensivo e delle singole persone. Le crisi, le difficoltà, gli stati che si alternano sono un flusso di impressioni come un tappeto, che si srotola rivelando disegni, storie e drammatizzazioni per loro natura transitori.
Una caratteristica delle crisi è che esse sono molto convincenti. La barriera sembra vera, inamovibile e insuperabile. Sembra che durerà per sempre e che ci sia un'unica opzione: rinunciare. Le difficoltà possono essere davvero estenuanti per intensità o per durata e si affaccia la tentazione di mollare.
Il partecipante, preso da un vortice di giudizi e di emozioni che si amplificano e si rincorrono, si persuade: "Non sono bravo. Non me lo merito. Non ci riesco. Non sono all'altezza. Sono uno che non può raggiungere l'Esperienza Diretta. Questo non ha significato per me. Non ce la farò mai. Non c'è abbastanza tempo. Ho paura di rimanere deluso. Non appartengo a questo gruppo. Perché dovrei tentare se fallisco sempre?"
Nel corso degli anni abbiamo ascoltato tutte le ragioni plausibili per fermarsi e per rinunciare, eppure non abbiamo rinunciato. Ogni persona può superare la crisi.
Nonostante giudizi dolorosi ed emozioni travolgenti scuotano il partecipante, egli può portare l'attenzione al suo oggetto e tentare di viverlo direttamente, come il marinaio che nella tempesta impugna saldo il timone dell'imbarcazione.

La crisi allora non si rivelerà una sofferenza inutile, un ammasso d'impressioni che provocano disagio; diventerà il crogiuolo sulla fiamma che forgerà una maturità umana straordinaria.
Mantenere la relazione di alta qualità con l'altro mentre imperversa una crisi è una vera prova.
L'aiuto per superare la crisi arriva proprio dal contatto umano. I partecipanti dell'Intensivo imparano a dare e a ricevere attenzione come individui consapevoli e questo li sostiene nei difficili territori della crisi. Dire e vivere la verità, comprendere i diversi vissuti senza giudicare diventa un nuovo modo di affrontare le avversità.
Dare attenzione e comprensione negli esercizi sviluppa l'empatia e la coesione. Nel partner di ascolto affiora il desiderio sincero che il compagno di viaggio riesca a superare i suoi limiti. Il partecipante in crisi si sente sostenuto e incoraggiato: un solido appiglio per tenere e per non mollare. Immerso nella sua battaglia personale, si attiene al metodo di lavoro; per cinque minuti fa l'intento di vivere direttamente il suo oggetto e per cinque minuti dà attenzione e sostegno al compagno di esercizio. Nella vita di ogni giorno è insolito che una persona in difficoltà aiuti un altro, ma all'Intensivo avviene così e funziona in modo straordinario. L'alternanza tra ruolo attivo e ruolo di ascolto è geniale, perché ricevere attenzione permette di progredire più velocemente sulla propria strada, mentre dare attenzione all'altro individuo la apre e la allarga. Il soggetto esce dal suo egoismo e si rende conto che esistono altre persone, ciascuna con la sua storia di vita.

L'esperienza di dare e di ricevere sostegno in ogni situazione, quando si sta bene e quando si soffre, è una fucina di umanità dove si fonde un amore fraterno. Un amore che dona la forza e l'ispirazione per gettare un ponte e per attraversare la crisi.

Dopo tanti sforzi compiuti la persona vorrà veramente la propria vittoria, la sentirà giusta, meritata e possibile. Dal riconoscimento dell'individuo consapevole emana una forma di amore molto elevata, che feconda le relazioni e tempra ogni ricercatore. Superare una crisi per amore, con amore, è una delle grandi e belle esperienze della vita.

Il risultato non "si limita" a un'individualità completamente consapevole della sua natura essenziale, ma si estende a essere una bella persona capace di contatto e di umanità profonda.

Le sostanze in assoluto più nobili e preziose della nostra dimensione esistenziale.

Nello scambio di vero aiuto, dato con competenza e con il cuore, il gruppo si trasforma in squadra. Condividere le sofferenze e puntare allo stesso scopo avvicina e unisce le persone: stanno fianco a fianco e agiscono insieme.

Nessun partecipante è lasciato solo ad affrontare la crisi ma non è nemmeno forzato a proseguire, resta sempre libero di scegliere.

Essere consapevoli di affrontare e superare una difficoltà in modo libero, senza costrizione, bensì per scelta e per uno scopo, è una grande esperienza formativa. Parimenti importante è la consapevolezza di farlo in relazione con i compagni di viaggio e non isolati e soli.

L'apice della crisi rappresenta il momento decisivo: il disagio si manifesta in modo acuto e ampio al massimo, il partecipante è persuaso che non riuscirà; sentirà l'Esperienza Diretta fuori portata e il fallimento certo. Sensazioni e giudizi svilenti presseranno con forza la persona, affinché essa si fermi e rinunci.

Il calore umano, come un balsamo, permetterà di sostenere la pressione e di proseguire; in seguito la barriera a poco a poco si sgretolerà e il disagio svanirà come se non fosse mai esistito. Saper dare e saper ricevere il calore umano dovrebbe essere una dote che ogni persona nutre e coltiva.

Le barriere che si manifestano nella crisi raggiungono picchi di drammaticità e intensità notevoli, tuttavia si riconfermano di natura illusoria. Sono bolle di sapone. I meccanismi inconsci che provocano le crisi sono una sorta di imbroglio, inscenano un dramma fittizio. Superare la crisi significa scoprire il bluff; il gioco sottostante scompare e perde per sempre il potere di ingannarci.

Se una persona è determinata a proseguire, la febbre scomparirà, la paura si dissolverà, l'irritazione si scioglierà… qualsiasi cosa sia, sparisce.

Quando il partecipante fa il salto, il meccanismo della mente è sconfitto. Per compiere la trasformazione, i partecipanti hanno bisogno di contatto umano reale (relazioni di alta qualità), di un fine autenticamente condiviso (qualcuno deve volere veramente la loro vittoria) e di un sostegno attivo vicendevole (do e ricevo attenzione e comprensione). Questi supporti si rivelano necessari e sufficienti per attraversare qualunque crisi emerga negli Intensivi.

Se il partecipante, in prima persona, non è pronto ad andare attraverso l'ostacolo quando si sente bloccato dalla febbre, da emozioni e giudizi negativi, non crederà che altri possano riuscire.
La mente è abilissima nell'elaborare ragioni valide per evitare esperienze sgradevoli e per convincere che è giusto e corretto gettare la spugna. In questo momento è decisivo l'intervento del maestro, che distingue con chiarezza il limite oggettivo dal limite soggettivo prodotto da un meccanismo inconscio. Egli guida con ragionevolezza ed equilibrio il confronto con le diverse crisi.

Assumere la responsabilità

La conoscenza profonda di ogni dettaglio, di come e perché l'Intensivo funziona, aiuta molto il partecipante, facilita tutto l'iter. Anche il sostegno delle relazioni è imprescindibile, eppure niente e nessuno sostituirà il partecipante stesso nel ruolo di artefice del suo successo.
Davanti a ogni individuo si apre la strada. La forza, il coraggio e la determinazione personali saranno decisivi.
Da fuori le crisi sembrano zone spinose, situazioni sgradevoli da cui sottrarsi alla svelta, ma domandiamoci ora perché esse si manifestano, che cosa sono veramente.
Le crisi non sono altro che lo sfogo delle parti incomplete, immature o alterate della persona, parti che si sono sedimentante nella sua storia di vita. Sono tentativi di risanamento, sono sforzi per ripristinare l'equilibrio.

Se tutti gli eventi del passato fossero stati completamente sereni, compresi e accettati, la persona sarebbe integra, pulita, propositiva e... senza crisi.
Portare l'attenzione su di sé e sugli altri si confermerebbe solo fonte di piacere e di curiosità.
Le crisi emergono perché la persona porta in sé degli irrisolti, dei nodi che, sotto il riflettore dell'Intensivo, vengono al pettine. Le crisi sono prove evolutive, tentativi di risolvere quello che nella quotidianità risulta impossibile affrontare e modificare. Se la persona si ritira e non supera la crisi, il nodo ritorna al suo posto e resta irrisolto. All'inizio al partecipante sembra di stare meglio, ma non è così.
Paragoniamo la crisi alla scoperta di una trave marcia a sostegno del tetto. Bisogna cambiarla!
Fuggire dalla crisi equivale a vivere sotto il continuo rischio di un crollo. La crisi è un confronto importante, è il momento di prendere posizione e di scegliere il cambiamento. Esiste un evento preciso nella maturità della persona. È assumersi tutta la responsabilità.
Assumere la totale responsabilità di sé, delle proprie scelte, delle azioni e delle conseguenze delle azioni. L'evento coincide con diventare una persona adulta, autonoma e completa. L'assunzione di responsabilità regala anche il coinvolgimento con la passione e il fascino di essere e di sentirsi protagonisti.
La responsabilità è l'unica porta attraverso la quale si conseguono veri risultati nella vita adulta. I bambini e i ragazzi ottengono soddisfazioni, gratificazioni e risultati e al contempo rimangono spensierati e liberi da responsabilità.

Gli adulti no. Per raggiungere un risultato devono necessariamente assumersi la responsabilità di tutto il percorso: dalla scelta, dalla decisione iniziale, alle azioni, sino al compimento.
Quando il partecipante assume la responsabilità del suo Intensivo, l'ha assunta e non si tira indietro di un millimetro. Per quanto sia stanco e scoraggiato, nonostante le barriere più ostiche lo opprimano, porta a termine il suo compito perché ha scelto di dare la vittoria alla piena conoscenza di sé. Ha capito le premesse, sa che cosa occorre fare, ha una ragione per farlo e lo fa.
Ognuno si misura con il suo percorso e i relativi ostacoli. Ha applicato la tecnica fino a entrare in crisi e ora la sfida è resistere, non cedere e proseguire fino all'Esperienza Diretta, che lo aspetta al di là della crisi.
È entusiasmante e insieme commovente vedere una persona che decide e agisce, che non tentenna, non gira intorno, semplicemente punta dritta nel centro della crisi e ne esce vittoriosa. Va semplicemente avanti.
Ecco che cosa rende bello e potente un Intensivo!

E dopo tanto vagare, ho trovato il coraggio di guardarmi dentro, guardare in quell'angolo buio, per così tanti anni evitato, tenuto nascosto, "sollevare il velo".
Finalmente all'Intensivo ho potuto farlo: mi sono sentita sostenuta e accompagnata proprio per affrontare quell'enorme oscurità che mi terrorizzava, che mi faceva sentire inadeguata e in colpa, che non mi faceva vivere pienamente, che non mi permetteva di essere completamente me stessa.
Grazie!

Francesca Dalle Grave

14

Oltre misura

C'è chi vede le cose come sono e dice: "Perché?"
Io invece sogno cose mai viste e dico: "Perché no?"

– George Bernard Shaw –

L'Esperienza Diretta è una cosa meravigliosa.
Lo conferma con entusiasmo e commozione chiunque l'abbia provata. Rientra nello spazio straordinario delle verità soggettivamente assolute, è proprietà cognitiva dell'individualità consapevole.
Non è facile raggiungerla. L'obiettiva difficoltà della sua *conquista* non rappresenta una ragione valida per rinunciare o per sottovalutarla. Molti sottovalutano l'Intensivo sia in modo casuale che intenzionale. A dispetto di molte e innegabili difficoltà, l'Intensivo conserva da anni un'ottima reputazione.
Grazie alla buona fama degli Intensivi, i partecipanti si iscrivono al corso con relativa facilità, diventano bravi ricercatori, danno e ricevono sostegno e si misurano con le proprie sfide fino a ottenere la loro vittoria: l'Esperienza Diretta.

Nonostante le condizioni ottimali per affrontare l'esplorazione, il rischio che il partecipante si ritiri resta alto. Perché?
Perché l'Intensivo contempla un fattore imprescindibile che non sempre e non tutti conquistano.
Il partecipante esegue ogni passaggio al meglio, impara la tecnica, si attiene all'orario, rispetta le regole, affronta gli ostacoli e supera le crisi, completa correttamente ogni azione ma... non raggiunge il traguardo.
Quando abbia fatto ogni cosa e ancora non basta, il partecipante si domanda: "Che cosa manca?"
Manca lui stesso.
Manca l'individualità consapevole autentica e reale: tutto se stesso. Serve il coinvolgimento completo, la piena partecipazione del ricercatore, serve che egli *infonda sé* nella tecnica.

Il 100%

Ecco una parola cardine e una peculiarità dell'Intensivo: *completamente.*
Di norma nella quotidianità se una persona mette il 50% ottiene il 50%. Se investe il 90% si aspetta un ritorno del 90%.
Per ottenere l'Esperienza Diretta esiste una sola misura: il 100%.
Senza il 100% di verità momento per momento, il 100% di forza profusa nell'intento di vivere direttamente, il 100% di apertura, il 100% di comunicazione dei contenuti e degli stati emersi, l'Esperienza Diretta resta fuori portata.

Il partecipante è chiamato a maturare gradualmente la sua completezza: coinvolgersi e partecipare totalmente a ciò che è, a ciò che fa, a ciò che dà, a ciò che vuole… Per la matematica interiore, solo il 100% di impegno dà il 100% di risultato, mentre il 99% resta senza risultati. Non si tratta di una caratteristica dell'Intensivo ma dell'essere umano ed è utile conoscerla. Qui sorge un problema di ordine sia personale che culturale. Noi non siamo abituati a essere e agire al 100% . Non siamo nemmeno abituati a chiedere e ricevere il 100%. Le persone sono pronte a fare e a dare tanto, ma una parte di sé rimane di solito separata a osservare. Questa parte si preserva, come in una sorta di difesa, come asserire: "Sì, ma…" Sì, il partecipante fa del suo meglio, ma non totalmente. In definitiva eseguire bene ogni azione non basta se non ci si dona al 100%.
La sfida dell'Intensivo ci indirizza a concepire e a mettere in campo la completezza dell'intenzione, dell'attenzione, dell'azione, della relazione, dell'ambizione e anche del risultato e del successo.
Qualcuno eccelle nella forza di volontà, ma non include il desiderio bruciante o la curiosità verso l'oggetto della ricerca. Qualcuno è appassionato, ma spesso si distrae e perde tempo. Altri sono precisi, si comportano in modo tecnicamente inappuntabile, ma restano chiusi o aridi. Altri ancora sono precisi, persistenti e anche ricchi di calore umano, ma non si aspettano il successo, sono imbrigliati nella credenza impercettibile di non riuscire. Passo dopo passo la tecnica, auto-correttiva e cumulativa, mette in risalto la parte mancante, così il partecipante può originare un modo di essere e di fare al 100%.

L'Intensivo predispone il contesto ideale per raggiungere l'Esperienza Diretta ma non fornisce, perché non esiste, il modo di provocarla. Nessuno può prevedere se, come e quando essa si verificherà. Può anche non accadere, non ci sono certezze.

Alcuni partecipanti ottengono l'Esperienza Diretta dopo aver superato momenti difficili, altri in momenti normali, altri durante il ruolo di partner che ascolta. Non esistono schemi o formule per definire se, quando e come il partecipante varcherà il traguardo. Nel corso è invece sempre alla portata di ognuno trovare nuove motivazioni e comprensioni per procedere al meglio.

Capita che il partecipante sia motivato, che si impegni al massimo nella tecnica, ma che non raggiunga la meta dopo uno o due giorni di sforzi onesti. Giunto in questa strettoia forse sente l'impulso a cedere e a diminuire l'impegno. Dovrebbe aumentarlo, dovrebbe dare di più, dare anche quello che pensa di non avere. Questa si conferma l'azione corretta.

Il punto raggiunto con impegno sincero, onesto e completo, benché non coronato dal successo, apre una situazione davvero propizia che il partecipante deve cogliere in modo corretto. L'azione esatta è prendere e ampliare, precisare, intensificare, rafforzare e ingrandire ogni elemento della tecnica.

Il partecipante fa un intento forte, pienamente aderente all'oggetto, con l'intenzione e con l'aspettativa di riuscire. Si apre in modo profondo, completo, senza nascondersi e si mostra con verità nella comunicazione.

Alza il livello della motivazione per sé e per gli altri partecipanti al corso.

Scopre il valore del ruolo di partner di ascolto e coltiva il vero desiderio che gli altri riescano, non come formalità o gentilezza superficiale ma con partecipazione autentica.
Aumentando l'intensità e la precisione della tecnica, il partecipante approda anche a un'ennesima esperienza di valore: darsi.
Dare se stesso, completamente.
Darsi significa che egli si dona mentre svolge un'attività.
È un nuovo livello di coinvolgimento, di valore, di motivazione. Darsi è un modo elevato e nobile di vivere le esperienze e di rinnovare di continuo la motivazione.
Il partecipante può aggiungere un ulteriore passo al darsi: mantenere e rinnovare nel tempo il suo impegno.
La tenuta nel tempo è una prova decisiva; dice chi siamo e che cosa vogliamo.
Siamo assuefatti a un modello di comportamento socialmente diffuso e accettato: "Io svolgo un'attività per ottenere qualcosa. Se non la ottengo, smetto".
Nell'Intensivo questa logica si dimostra inutile e dispersiva. Per ottenere il risultato occorre *esserci* al 100%, darsi, agire col grado massimo di ogni abilità fino alla conclusione del corso. L'Esperienza Diretta desiderata arriverà o no ma, indipendentemente dall'esito, è il modo corretto di fare un Intensivo che porterà sempre un risultato in termini di maturità personale.
Qualcuno si potrebbe domandare perché adottare un tale atteggiamento. Semplice!
Per sé e per la propria crescita.

Io, tu, noi

Alle prime battute del corso i partecipanti sono talmente presi dal capire la tecnica e verificare se la applicano in modo corretto, che si occupano poco della situazione dei compagni di viaggio. Quando hanno accertato di eseguire bene la tecnica, affrontano gli ostacoli e le crisi e sono completamente occupati con se stessi... solo dopo una discreta quantità di lavoro prendono in maggiore considerazione gli altri, li ascoltano e li comprendono con più cura. Affiora un nuovo sentire, desiderano che l'altra persona riesca nel suo intento.
I due compagni di esercizio, seduti l'uno di fronte all'altro, diventano amici e si sostengono a vicenda. Dare e ricevere attenzione, comprensione, accettazione, contatto umano e condividere momenti difficili e gioiosi trasforma le persone. L'individuo sente di poter uscire allo scoperto, l'ego lascia la scena, le persone diventano vere.
Ora dopo ora esse capiscono che dire la verità è più importante di apparire ed è anche più utile. Ogni vissuto positivo si afferma, mentre quelli negativi si sciolgono con l'effetto gradevole di provare chiarezza, leggerezza e libertà.
Su questa strada le persone diventano generose sino a sentire che vogliono che gli altri possano arrivare alla loro Esperienza Diretta, più di quanto chiedano per sé. Sperimentano un evento di rara bellezza: l'autentico riconoscimento degli altri e metterli al primo posto, anche se questo comporta la rinuncia a qualcosa di proprio.
Nelle prime ore del corso e, per qualche partecipante, lungo tutta la prima giornata si desidera raggiungere la *propria*

Esperienza Diretta; non si pensa se gli altri riusciranno o meno. C'è chi teme che gli altri siano più bravi e che arrivino prima, come in una competizione sportiva. Però dopo aver condiviso un tratto di viaggio, nel partecipante nasce una nuova consapevolezza degli altri. Egli desidera che essi taglino il traguardo, tanto quanto lo desidera per sé.
L'individuo, quando accede al profondo senso di umanità, all'amore impersonale, vive l'atto del dare e del darsi come arricchimento. Dando tutto, l'individuo ha la percezione di non perdere nulla.
La persona scopre di saper andare oltre misura, oltre il mondo conosciuto e di toccare vette inesplorate. Prima ha scoperto di potersi conoscere di più, poi scopre gli altri e infine approda su una nuova sponda: noi.
Tutti conoscono la parola "noi", ma pochi dispongono dell'effettiva capacità di sentirsi "noi". Ancora più rara è l'abilità di agire come "noi" e di lottare insieme per arrivare al traguardo.
Nascono così vere amicizie di crescita arricchite dal senso di appartenenza, relazioni significative capaci di durare nel tempo.
Ci vuole un coraggio enorme per diventare e per restare un valido e valente partecipante d'Intensivo. Ci vogliono motivazione e tenacia straordinarie nel superare ogni ostacolo. Ci vuole la maturità di anteporre la verità di sé alla propria immagine, all'ego e agli attaccamenti. Ci vuole generosità per desiderare la crescita degli altri. Ci vogliono maturità e umanità per essere "noi" e per costruire la crescita insieme.
Le conquiste nell'ambito dell'umanità portano molti doni.

Fra questi spicca l'abilità di guidare gli eventi nella direzione del fine comune e di trattare in modo positivo anche le situazioni spiacevoli o avverse.

In una relazione ordinaria quello che piace avvicina, mentre quello che non piace allontana. Quando la collaborazione funziona, le persone coinvolte sono felici; quando incappano in problemi, litigano.

La capacità di essere un gruppo unito supera i limiti personali e crea relazioni di alta qualità, dove ognuno comprende quello che piace e quello che non piace, collabora in sinergia nel successo e nelle difficoltà. Gli eventi positivi e quelli negativi non intaccano la relazione, al contrario offrono l'opportunità di nuove comprensioni e rinsaldano il senso di unione.

Quando due o più persone condividono una serie di esperienze intense, positive e negative, ottengono esiti diversi: si avvicinano o si allontanano, si rafforzano o si indeboliscono, si sentono più insieme o più sole, diventano più coraggiose o più vili, agiscono con maggiore generosità o con maggiore egoismo. Il sistema dell'Intensivo – grazie all'orario, alle regole, alla tecnica e alle relazioni di alta qualità – guida il gruppo a compiere progressi importanti negli aspetti positivi e a diminuire in misura vistosa quelli negativi.

Le persone si stupiscono di sé, in quanto non immaginavano di poter dare e ricevere così tanto, rimpiangono di non averlo potuto e saputo fare prima. Si accorgono che alla resa dei conti basta poco per ottenere tanto. Basta che siano veri, leali e che si attengano a un metodo di lavoro per liberare le enormi potenzialità delle relazioni umane, potenzialità pressoché infinite.

Ogni Intensivo è unico e irripetibile perché gli individui sono unici, le loro espressioni sono originali e gli effetti delle interazioni risultano ancora più imprevedibili.
La piena maturità del partecipante all'Intensivo si manifesta quando pratica la tecnica in modo esatto, continuativo, con passione e in relazione, quando in ogni intento è capace di darsi completamente per ottenere l'Esperienza Diretta e con la stessa intensità desidera che ogni partecipante ci riesca. Diciamo che "io, tu e noi" sono tre dimensioni amiche, in piena sintonia e ciascuno agisce attivamente per il successo di ognuna e di tutte e tre insieme.
Quello descritto è l'unico modo di essere un buon partecipante di Intensivo. Fare diversamente implica nascondersi, giustificarsi, indossare una maschera, risparmiarsi, adottare modi di essere; strategie fallimentari rispetto alla crescita. Lo scopo non è avere ragione o impressionare positivamente gli altri, ma conseguire un'Esperienza Diretta che dona una straordinaria conoscenza di sé.
Nell'Intensivo essere una persona forte non significa essere duri, chiusi, senza emozioni, impassibili. Significa avere il coraggio di riconoscere e dire la verità, continuare la tecnica senza compromessi e senza cedere, essere in relazione con gli altri senza ritirarsi e senza nascondersi.
Nessuno afferma che raggiungere un'Esperienza Diretta sia facile ma, se cercate la verità di voi stessi, l'Intensivo è l'opportunità per voi. Fate la tecnica, stabilite un contatto con gli altri, tenete la meta, vi liberate dalla paura e imparate a darvi oltre misura.

Durante l'Intensivo ho visto intorno a me il Noi: le stesse paure, le stesse fragilità, la stessa voglia di farcela, le stesse crisi, lo stesso coraggio, la stessa forza.
Pur senza alcun contatto fisico, eravamo profondamente in contatto e di sostegno gli uni agli altri.

Francesca Dalle Grave

Solo quando sei disposto a perdere tutto, anche chi sei, allora puoi andare oltre i tuoi limiti e divenire più consapevole. Ed una volta che avrai dato tutto ti accorgerai che tu ci sei sempre, non hai perso nulla.

Stefano Dell'Agostino

Essere in relazione neutra con tutto. Esserci e mostrarsi senza "dimostrare" nulla... mostrare completamente se stessi con niente, nel niente. Sapere di aver ricevuto tutto e sentire gratitudine... sapere di poter dare tutto. La bellezza della relazione, dell'essere con l'altro: c'è tutto! Nell'essere c'è già tutto!

Iolanda Canensi

15

Il contatto umano

Ogni persona che incontri è migliore di te in qualcosa.
In quella cosa, impara.

– Mahatma Gandhi –

Una salda rete di relazioni costituisce le fondamenta dell'Intensivo, fondamenta rafforzate di momento in momento, dal discorso d'inizio sino ai saluti finali. Il maestro solleciterà, inviterà, incentiverà i partecipanti a coltivare e a sviluppare la maestria della relazione. Se paragoniamo l'Intensivo a un viaggio, le abilità di relazione corrispondono alla forza per trovare la rotta verso le Esperienze Dirette. Saper instaurare rapporti autentici garantirà l'attraversamento positivo dei tre giorni che per molti saranno i più intensi della loro vita.
Le ricerche degli ultimi decenni, volte a individuare che cosa determini il funzionamento di una tecnica di crescita, hanno dato un risultato significativo: il contatto umano.
Quando le persone stabiliscono un contatto reale e coinvolgente, la tecnica va dritta alla meta; quando manca il contatto, le tecniche non funzionano.

Nelle relazioni **il contatto è il collegamento vero tra due individui. Il contatto determina l'andamento di una relazione: che cosa essi si scambiano, quanto e perché.**
Il partecipante dovrebbe domandarsi: "Come instauro il contatto con gli altri?"
La risposta è: "Tieni l'attenzione sull'altro come individuo consapevole."
Nella quotidianità, quando incontriamo una persona, in modo spontaneo appoggiamo su lei la nostra attenzione: anzitutto sul suo corpo. Notiamo l'altezza, la postura, l'aspetto. Poi sul carattere; percepiamo l'atteggiamento e lo stato d'animo.
La maestria della relazione prevede e mette in campo una precisa abilità: dare attenzione all'altro come individuo consapevole. L'altro è consapevole di sé ed è consapevole di me che lo sto osservando. L'altro sa di esserci e ha libertà di scelta. L'attenzione si appoggia sull'altro come individuo consapevole, atto che riconosce il valore intrinseco dell'altro.
L'attenzione sull'altro crea il ponte della relazione, costruisce un collegamento. Dal contatto sorge naturale il pensiero: "Ci tengo a te!" Il contatto sincero con l'altro è una forma di amore, che invita a fare altrettanto. La persona che riceve l'attenzione si sente vista e riconosciuta, questo è molto apprezzato e ricercato.
Ma ancora di più. Il contatto rappresenta il collegamento che sostiene attivamente per affrontare l'ignoto. Le parole da sole non danno conforto. Non basta dire a una persona: "Andrà tutto bene." La "sostanza" che rende efficaci le parole è il contatto umano, il senso di vicinanza.

Nell'Intensivo prima si instaura il contatto e dopo la comprensione.
È indispensabile che il partner di ascolto comprenda i messaggi e i contenuti, che emergono nel partner attivo dall'intento di vivere direttamente. Ma prima serve che entrambi siano in relazione, che siano collegati. Se rimangono chiusi, isolati, ognuno nella sua bolla, le parole sono sterili. Chi ascolta potrebbe annoiarsi o anche sentirsi in opposizione.
Dall'attenta osservazione ho tratto il principio operativo: quando si riesce a mantenere il contatto con la persona con cui si ha un problema, il problema si risolve.
In modo analogo, se riusciamo a conservare il contatto con una persona che incontra un ostacolo in apparenza insormontabile, essa troverà la strada per superarlo.
Un altro assioma: i problemi con noi stessi e nelle relazioni dipendono da un'interruzione del contatto. Per risolverli la prima azione consiste nel ripristinare il contatto, guardare una persona negli occhi e farle sentire di essere insieme: "Io sono con te".
L'Intensivo predispone il contesto per coltivare il contatto con ogni persona del gruppo per tutta la durata del corso.
Due partecipanti si siedono l'uno di fronte all'altro ed entrano in contatto, sono disposti a comunicare e ascoltare dando attenzione al loro meglio. Questa è la base della relazione e su questa scorre la comprensione.
Tenere l'attenzione sull'individuo consapevole ci insegna a ignorare le reazioni, sia proprie che altrui. Ci permette di riconoscere la differenza tra uno sfogo e una decisione, tra una lamentela e la volontà di agire per uno scopo.

Nelle prime ore del corso le reazioni impazzano: ora i partecipanti sono felici ma l'attimo successivo sono irritati e infastiditi, poi sono entusiasti e poi daccapo tristi... I diversi stati d'animo si alternano come i paesaggi al finestrino del treno in corsa. L'attenzione continua tenuta l'uno sull'altro come individui consapevoli gradatamente acquieta le reazioni. L'attenzione protratta nel tempo produce un effetto significativo: gli altri ci rispondono.

L'uno chiede all'altro di applicare la tecnica, anche se è difficile e non ci sono risultati. Siccome fra i due vige un contatto sincero, è naturale e giusto che ognuno si impegni al massimo e faccia prevalere la verità, rinunciando alle bugie e alla falsità. Grazie al contatto autentico sosteniamo la verità, possiamo dirla e anche accettare quella degli altri, negativa o positiva che sia.

Questo essenziale principio della crescita rimane sempre vero e attuale: ognuno ha bisogno di relazioni autentiche per emanciparsi e per crescere.

I partecipanti dell'Intensivo considerano centrale l'abilità di creare un contatto con gli altri e si impegnano a fondo per acquisirne la piena maestria.

La destrezza permette di affrontare ostacoli e crisi prima che essi si affermino e alterino la direzione presa, crea nel gruppo un contesto positivo dove ognuno collabora al meglio. Il principio vale per ogni aspetto della vita: quello che facciamo deve venire da noi. Il partecipante entra nell'ottica che durante l'Intensivo allenerà di continuo la sua abilità di relazione: stare a proprio agio con gli altri, dare e ricevere sostegno.

Domanda: "Se il contatto è così importante ed efficace, come mai nei rapporti d'ogni giorno non avviene naturalmente?"
Nella realtà quotidiana manca, perché il percorso educativo e formativo non sviluppa a sufficienza le abilità di relazione. Bambini e ragazzi non imparano a stare insieme in modo corretto e si abituano a interagire con errori di relazione, che si insediano e si affermano sino a essere percepiti come naturali. Gli errori di relazione, quali l'incomprensione, la bugia, l'offesa, la ferita, il disprezzo provocano chiusura, sfiducia, isolamento. La persona si ritira per difendersi e poi rifiuta di entrare in contatto con gli altri per evitare di essere ancora ferita e danneggiata. Per interrompere il circolo vizioso la soluzione alla radice del problema è sviluppare le abilità di relazione, attivare la capacità naturale di entrare in contatto con gli altri e al contempo affermare un insieme di abilità di base, come la libertà di scelta, dire la verità rispettando gli altri, la lealtà e attenersi agli accordi.
L'Intensivo è una grande esperienza formativa sul piano umano. L'efficacia dipende dall'elevato standard tenuto nelle relazioni: portare e mantenere l'attenzione sull'individuo consapevole, essere visti e riconosciuti come individuo consapevole, nella sua unicità e nel suo valore. Negli scambi quotidiani l'attenzione si rivolge al corpo, ai bisogni, alla mente, alla personalità e alle esperienze, ma di rado si indirizza sull'essere consapevole. Nell'Intensivo il partecipante pone l'attenzione sull'altro come individuo consapevole e matura gradualmente un'intenzione di valore, l'intenzione che l'altro riesca.
Scopre un bene di rado conosciuto in precedenza: desiderare sinceramente la crescita dell'altro.

Il partner di ascolto non dà un'attenzione "vuota"; dà un'attenzione arricchita dalla spinta autentica, fecondata dall'intenzione: "Ci tengo che tu raggiunga l'Esperienza Diretta". L'intenzione di riuscire data ritorna poi come dono ricevuto: "Sento che tu ci tieni che io ottenga la mia Esperienza Diretta".

Il passo seguente è la somma delle due intenzioni: "Noi vogliamo riuscire e vogliamo il successo reciproco, noi siamo insieme, noi diamo e riceviamo, noi collaboriamo".

La somma di intenzioni autentiche rende una relazione significativa. Le persone diventano importanti l'una per l'altra. Scoprono che avere relazioni significative costituisce uno dei beni più preziosi nella vita. **Tenere davvero alle persone e sapere che qualcuno tiene a noi è d'immenso valore.**

Nell'Intensivo la comunicazione tra i partecipanti diventa efficace in quanto essi stabiliscono un contatto tra individui consapevoli e gradatamente maturano vere intenzioni per sé e per gli altri.

I partecipanti scoprono così degli spazi inediti: essere in contatto con gli altri, riconoscerli come individui consapevoli e sentirsi riconosciuti indipendentemente dalle situazioni che si verificano: benessere, soddisfazione, malessere, confusione, debolezza, giudizi, indecisione, inganni o auto-inganni.

Imparano a essere in contatto e a mantenere una relazione significativa a prescindere dai vissuti che emergono e dalle interpretazioni conseguenti.

Si tratta di una conquista straordinaria, che consente di intessere e di mantenere relazioni vere nel tempo, superando

i limiti che di norma le ostacolano, superando i meccanismi errati, quali la gelosia e l'invidia, il rifiuto e il giudizio per gli errori o le mancanze.
I partecipanti all'Intensivo dispongono della formidabile opportunità di esercitarsi fino a superare incapacità e limiti, fino ad aprire un varco nel regno dove *ognuno è una persona capace di essere in contatto autentico e profondo con gli altri.*
Iniziano dal loro personalissimo punto di partenza e praticano la tecnica al meglio delle loro capacità. Dopo alcuni esercizi l'abilità sarà cresciuta in maniera considerevole. Impareranno a tenersi "dalla parte della tecnica" e a supportare i compagni del corso con una relazione alta ed equivalente, senza compromessi, dando la loro attenzione perché i compagni continuino a progredire di passo in passo.
Sottolineo quanto siano importanti la verità e l'onestà; quanto sia indispensabile affrontare ogni pensiero e ogni emozione che emerge in sé, imparare a esprimersi con sincerità mantenendo il contatto con gli altri. Sia nel corso che nella vita questa rappresenta l'unica strada per superare le barriere che attualmente limitano e danneggiano i rapporti umani.
Negli scambi quotidiani le persone oscillano tra tacere (trattengono le comunicazioni che dovrebbero esternare, reprimono le emozioni, si nascondono) e reagire con irritazione (sbottano, spaventano, giudicano, incolpano). Gli opposti, sia attuati che subiti, incrinano fino a rompere il collegamento con gli altri.
Ognuno dovrebbe prefiggersi l'obbiettivo di crescere nella verità della propria espressione. Dovrebbe permettersi tutto il contatto emotivo esperibile con l'altro.

L'Intensivo è una mirabile esperienza di vita, che insegna anche come stare in contatto con gli altri, permettere che i pensieri e le emozioni scorrano naturalmente attraverso la tecnica, che diventino ricchezza umana e non si trasformino mai in ostacolo.

Ogni partecipante rimane saldo nella verità di sé e comprende la verità degli altri, momento per momento. Dallo scambio provengono idee, emozioni, consapevolezze, nuove visioni della realtà... e il partecipante lascia che siano, permette loro di affiorare e di esaurirsi, rimane aperto, procede e continua ad applicare la tecnica. Scopre di riuscire a reggere i contenuti senza alterarsi, senza rinunciare al proprio obiettivo e senza perdere la direzione. Si accorge di sostenere i vissuti positivi e negativi propri e degli altri.

Il partecipante ha intuizioni, sente emozioni profonde, ma la sua grandezza si conferma nella fedeltà alla tecnica, cui dà la priorità, nel conservare e coltivare senza sosta la relazione di alta qualità con i compagni di viaggio.

All'efficacia del corso si aggiunge così la fioritura di forza e bellezza umana inattese.

> *Ho scoperto che l'altro è importante tanto quanto me stessa, ma che se non porto attenzione a me stessa e sto CON me stessa e non CONTRO, non posso contattare realmente l'altro e apprezzarne la ricchezza.*
>
> *Monica Rizzo*

Mi emergono le mie difficoltà di relazione: tengo un pochino di me dietro una barriera che ho costruito e che mantengo per paura di essere ferito ma ben presto ne comprendo la portata: essa blocca sia in entrata che in uscita impedendomi di lasciare entrare l'altro è di lasciar uscire me. Ne risulta una sofferenza probabilmente maggiore di quella che ne deriverebbe dall'essere ferito dall'altro.

Simone Berniga

Quando ho iniziato a lavorare sulla relazione dopo la crisi, dopo aver pensato di mollare e di non ottenere più nulla ho avuto l'ultima comprensione: la relazione, insieme all'espressione di sé, è il motore della vita. Senza l'espressione di sé non c'è possibilità di agire nella vita tanto quanto senza la relazione. La conoscenza derivante da questa esperienza è la cosa che più voglio portare nella vita. Sento che questo è quello che mi manca per ridare forza e motivazione ai miei obiettivi.

Amedeo Altavilla

16

I processi dinamici dell'Intensivo

Quando si agisce cresce il coraggio,
quando si rimanda cresce la paura.

– Publilio Siro –

Il metodo dell'Intensivo attiva forze davvero importanti.
Il partecipante che pratica correttamente la tecnica accende e scatena forze personali gigantesche e determinanti. Il gruppo, molto motivato e indirizzato verso lo scopo, a mano a mano che impara a interagire attraverso il contatto e relazioni di alta qualità genera un'onda di energia che si esprime in un progetto di grande umanità.
L'energia umana dà avvio all'azione, al comportamento e all'orientamento. L'energia umana è indefinibile in termini oggettivi, ma è riconoscibile dai risultati: è una forza che provoca un effetto tangibile.
L'energia umana è fisica, emotiva, mentale; si estrinseca nell'espressione, nelle relazioni con gli altri e nelle interazioni con la realtà.
Quando succede qualcosa, significa che c'è energia in azione.

Il flusso d'energia di un Intensivo funziona come un orologio. È prevedibile e inizia assai prima dell'ora fissata per il discorso iniziale. Comincia quando il maestro decide di condurre l'Intensivo, sceglie la data, il luogo e recapita l'invito ai partecipanti. Questo segna il principio della dinamica energetica dell'Intensivo.

La scelta del maestro di condurre il corso è il punto di partenza: una scelta chiara, vera, autentica, completa.

Dopo aver assunto la decisione, il maestro comunica l'invito alle persone potenzialmente motivate a partecipare. La comunicazione mette in movimento un nuovo flusso di energia, crea collegamenti tra le persone, appaiono opportunità inedite. La finalità è formare un gruppo motivato composto da una ventina di partecipanti, che a loro volta scelgono di cimentarsi con la sfida di una nuova consapevolezza e una nuova conoscenza di sé.

Quando la data stabilita si avvicina, i partecipanti avvertono un'agitazione più o meno acuta e spesso pensano di rinunciare all'avventura di conoscere se stessi.

Nel giorno d'inizio del corso la tensione sale ulteriormente, l'energia diventa intensa e difficile da reggere.

Il discorso serale, complesso e ordinato, pone le fondamenta dei tre giorni: indirizza l'energia nella tecnica e nel formato dell'Intensivo. Il discorso non si limita a fornire dati e informazioni tecniche, ma infonde entusiasmo nel gruppo e inizia a dare una forma positiva alle relazioni.

Un'attenzione speciale è dedicata alla motivazione per renderla ancora più forte, matura, capace di affrontare le difficoltà e di superarle.

La motivazione dei partecipanti ha un ruolo decisivo lungo tutto lo svolgimento del corso, perché è la forza che permette di superare le crisi e di raggiungere il traguardo.
Al mattino del primo giorno i partecipanti sono svegli ed emozionati, curiosi e impazienti. Freschi, pronti e motivati vogliono cimentarsi con la tecnica. L'energia del primo mattino è "lavorativa", si svolge all'insegna di un impegno diligente. Ci provano al meglio delle loro possibilità, ma a metà giornata inizieranno a sentire le prime delusioni. Hanno fatto e non hanno ottenuto. Qualcuno sarà ancora speranzoso, qualcuno titubante, qualcuno spaventato dalla grandezza dell'impresa affrontata. In questo momento delicato l'orario giornaliero prevede il discorso del maestro che verifica lo svolgimento della tecnica, approfondisce i suoi elementi, analizza le difficoltà emerse e dà suggerimenti per superarle. Il discorso del primo giorno incanala ancora l'energia nella tecnica, per renderla sempre più operativa e produttiva.
La grande quantità di energia che l'Intensivo muove viene concentrata su un punto solo: l'intento del partecipante di vivere direttamente l'oggetto. In risposta a ogni distrazione il partecipante riporta sempre l'attenzione sull'oggetto. L'intento della prima giornata è paragonabile a una piccola freccia, che nel cuore della bufera riesce a colpire ripetutamente il bersaglio. L'energia va focalizzata, incanalata, tenuta sulla meta, minuto dopo minuto, ora dopo ora.
Alla sera i partecipanti sono sfiniti, esausti e privi di energia; a volte, benché storditi dalla stanchezza, sono ancora carichi e agitati. L'apice della stanchezza di tutto l'Intensivo si manifesta la sera del primo giorno.

Proprio allora serve tenere l'energia alta e incanalata, senza cedimenti. Al momento di coricarsi si buttano sui letti e si addormentano subito profondamente.
La mattina del secondo giorno, a differenza del primo, serve svegliarli. I partecipanti cominciano l'esercizio con la mente lucida, sensazione che non provano da anni. Sono sereni, lavorano bene e progrediscono. Le aspettative crescono, sono disposti a dare sempre di più, ad aprirsi in modo profondo.
Il discorso del secondo giorno è l'apice dell'Intensivo ed è anche il punto di svolta: è l'apertura del cuore. L'energia incanalata nella tecnica si trasforma in amore.
Il discorso del maestro apre il gruppo e trasforma l'energia, trasforma lo sforzo concentrato e preciso della tecnica in dono, in umanità, in relazione equivalente e in oceano d'apertura. L'amore prorompe, spezza gli argini e conquista nuovi spazi. Non si limita al sentimento piacevole e prezioso, diventa forza nel praticare la tecnica, una forza continua senza interruzioni. Trasformare l'energia della volontà in amore è una vera sfida per l'Intensivo. È un processo di crescita che rende più matura la persona perché essa diverrà capace di agire con dedizione, sarà tenace nel suo impegno e al contempo impregnata di bellezza e di emozioni positive.
L'Intensivo procede con il programma, l'orario e sempre con l'incessante lavoro della tecnica. Tocca picchi sublimi di libertà e di gioia, attraversa lande desolate di prostrazione e di frustrazione. La sera del secondo giorno presenta ancora una sfida. I partecipanti sono stanchi, hanno la mente provata, hanno tentato in ogni maniera di raggiungere la meta ma niente ha funzionato.

La sera del secondo giorno in genere la stanza di lavoro è come un campo di battaglia. Ora sono decisivi il sostegno reciproco e le relazioni di alta qualità. La tecnica è assimilata, perciò la qualità delle relazioni decide le sorti dell'Intensivo.
Alba del terzo giorno. Le speranze dei partecipanti sono risalite. Si siedono e cominciano l'esercizio di comunicazione pieni di fiducia, ma senza risultati in breve si stancano e si demotivano. È il momento per l'entusiasmo! Ma dove attingerlo? Dalla consapevolezza che si trovano nella condizione ottimale per raggiungere l'Esperienza Diretta, perché ne hanno l'opportunità concreta, adesso, in questo istante, immediatamente. Non ci sono più ragioni valide per indugiare, aspettare, rimandare, sfuggire, tergiversare. Adesso è il momento.
Il maestro non cede alle difficoltà del terzo giorno e spinge ogni persona a superare il suo personale limite di persistenza. Dapprima fanno capolino, poi si affacciano di prepotenza dubbi, scoraggiamento, senso di impotenza; può aleggiare e diffondersi un clima di fallimento imminente. Affrontare questi contenuti è una vera e propria palestra di vita e ognuno si allena nell'abilità di stare di fronte all'esperienza presente, come il domatore nella gabbia dei leoni. La soluzione è ancora una volta fare la tecnica, nonostante i dubbi che attanagliano la mente. La tecnica spinge il "leone" a saltare attraverso il cerchio di fuoco.
I partecipanti affrontano la sfida di continuare a tenere l'attenzione gli uni sugli altri come individui consapevoli e a sostenersi a vicenda nella tecnica, indipendentemente dai vissuti che si manifestano.

La disciplina li sostiene ad andare avanti e a perseverare nella direzione giusta.
Il discorso del terzo giorno è un altro apice dell'Intensivo. L'attenzione adesso riesce a rimanere focalizzata, la mente è sgombra, i partecipanti sono aperti e tengono la disciplina. Tutti gli ingredienti dell'Intensivo hanno raggiunto purezza e intensità, sono al potenziale massimo. Ora serve centrare l'obbiettivo.
Ogni passo compiuto sia individualmente che come gruppo ha avuto lo scopo di arrivare in quel momento e in quella condizione. Ora occorre "condensare" il risultato. Il tempismo si conferma il fattore principale: tuffarsi nell'attimo migliore per cogliere la meta suprema. I partecipanti sono indirizzati e sostenuti a centrare l'obbiettivo: volerlo, darsi, non distrarsi, perché è alla loro portata, come un frutto da cogliere allungando la mano per spiccarlo dall'albero. Possono sentire che è reale, proprio adesso, in questo istante, puntare tutto se stessi per ottenere tutto Sé.
L'energia accumulata negli innumerevoli intenti personali, incanalata dall'intenzione condivisa e focalizzata sull'oggetto si trasforma in risultato: l'Esperienza Diretta.
La quantità di energia accumulata è impressionante. Ogni partecipante avrà usato la volontà, come mai prima in vita sua, per riportare l'attenzione sul suo oggetto. Ogni partecipante avrà usato l'intenzione con intensità, purezza e durata come mai aveva fatto in precedenza. Inoltre è rimasto aperto, vero e in relazione, in contatto con tanti "altri" che hanno voluto la sua vittoria, e a sua volta ha voluto sinceramente la loro vittoria.

Tutto questo avrà acceso e accumulato una tensione strutturale enorme, un'energia volitiva, emozionale e relazionale, che viene ora concentrata sull'Esperienza Diretta con un nuovo livello di maturità e di capacità. A questo punto i partecipanti scoprono che la loro energia concentrata produce il risultato, che si tratta di un processo meccanico e scoprono come farla funzionare.

L'Intensivo è un congegno energetico potente. Mi ricorda la bobina di Nikola Tesla, un trasformatore risonante ad alta tensione in grado di generare fulmini simili a quelli naturali. L'Intensivo origina, accumula e trasforma lo sforzo, l'impegno e la disciplina al punto da superare la massa delle resistenze e dei limiti personali. Come i fulmini liberano temperature di 15.000 gradi Celsius, luce accecante e un tuono potente, così l'energia personale e l'energia collettiva subiscono una trasformazione straordinaria. Nell'Intensivo il corrispondente del fulmine è l'Esperienza Diretta. Un'imponente carica umana, ispirata dalla motivazione e condensata nella tecnica, si traduce in uno straordinario evento di crescita.

La tecnica dell'Intensivo è una tecnica della volontà da praticare con energia e con disciplina. I partecipanti hanno il compito di liberare la loro energia e di guidarla verso la meta. Questo a prima vista può sembrare un concetto e un modo di agire semplice, ma non è così. Nella quotidianità si affrontano le esperienze senza questa precisa capacità, si trattiene il potenziale operativo, si tenta di impegnarsi al minimo; ma anche esplodono reazioni esagerate, o si sprecano le energie in sfoghi inutili.

Nel laboratorio dell'Intensivo si risveglia e si incanala molta energia verso l'obiettivo, senza reprimerla e senza dissiparla. Si immette energia nell'intento di vivere direttamente l'oggetto della propria ricerca. Da parte sua la tecnica libera energia con emozioni, apertura, relazioni, comprensioni e intuizioni. Il partecipante poi di nuovo incanala l'energia liberata nel processo di crescita. Si forma un circolo virtuoso, che procede in un crescendo graduale e accelerato fino a raggiungere un punto critico, una transizione che sfocia nell'Esperienza Diretta.
L'energia è la risorsa per raggiungere la meta, come la benzina alimenta il motore dell'auto. Anche l'Esperienza Diretta libera energia. L'individuo si scopre intenso e brillante, scopre una forza più evoluta, raffinata, pura e potente. Questa diventa poi l'energia capace di realizzare le mete esistenziali. La persona è chiara, orientata e fortemente causale, scopre il suo carisma. Raggiungere un risultato vero e significativo risveglia una generosità ugualmente vera e grande: il desiderio che anche gli altri riescano nel loro intento.
Le persone mature, aperte, comunicative e riflessive esprimono le loro Esperienze Dirette con forte compassione, con amore, con valore e trascinano con sé tutto il gruppo. L'energia del loro vissuto è come un'onda che invade e trasforma in positivo la stanza. Tutti i partecipanti praticano meglio la tecnica; chi rafforza l'intento, chi osa aprirsi e mostrarsi di più. La piena espressione di un'Esperienza Diretta influenza tutto il gruppo, assistenti e maestro inclusi. In verità il potere di un'Esperienza diretta va assai oltre l'Intensivo, influenza il corso esistenziale della persona e di chi le sta accanto.

Questa forza nasce dall'esecuzione corretta della tecnica, dall'autenticità degli intenti fatti, dall'apertura ad accogliere ogni conseguenza, dalla comunicazione sincera e dettagliata dei contenuti emersi, dalla costanza. Le stesse qualità si trovano poi presenti e potenziate nell'espressione dell'Esperienza Diretta.

La persona diventa forte (sa incidere sulla vita), è aperta (esperisce una completezza totalizzante), è comunicata (arriva agli altri) ed è stabile nel tempo. L'individuo è cosciente che lo stato sperimentato è senza tempo, imperturbabile, incorruttibile. Questo rappresenta una motivazione in più per continuare con la tecnica, eseguita con precisione e dedizione per sé e per la crescita degli altri. È singolare che proprio il partecipante che ha avuto l'Esperienza Diretta continui a praticare la tecnica con esattezza, intensità e responsabilità maggiori.

Il partecipante, che ha indugiato, che è stato debole o lento nel fare l'intento, che non ha avuto la spinta o l'apertura, corre il rischio di non arrivare a destinazione in tempo. Alla fine del terzo giorno rischia di sentirsi indietro. Gli altri raggiungono comprensioni e provano emozioni, egli deve appena iniziare a spingere seriamente, con tutta la sua forza.

Se la persona è chiusa, è bloccata: gli ostacoli non possono *uscire* e l'Esperienza Diretta non può *entrare*.

Essa rimane sempre nello stesso punto. Pur impegnandosi, si ritrova ostinatamente immobile sulla linea di partenza. È come l'automobilista che preme l'acceleratore ma non ingrana la marcia. Il motore lavora, consuma benzina ma l'auto resta ferma.

Se la persona comunica poco e male, conosce poco e male, non capisce, non sa trattare né integrare gli ostacoli. Non mostrare le barriere che impediscono di procedere equivale a non avere il potere di rimuoverle.

L'Intensivo è un'officina di crescita e ogni trasformazione è possibile. La persona più chiusa in un istante diventa loquace ed emotiva, il partecipante debole e svogliato diventa un leader appassionato e trascinante. Benché non sussistano schemi rigidi nell'ambito dell'essere umano, osserviamo delle tendenze; come il partecipante pratica la tecnica, così esprimerà la sua Esperienza Diretta. Non solo. Il modo di praticare la tecnica si rifletterà sulla "traduzione" dell'Esperienza Diretta nelle scelte e nelle conquiste che definiranno la qualità della sua vita.

Il partecipante non dovrebbe lasciarsi limitare da preconcetti in merito alle sue doti e alla sua energia. Le persone cambiano, si trasformano, maturano, evolvono perché introducono elementi inediti, imprevedibili e non riconducibili dalla condizione precedente. L'affermazione vale anche per le Esperienze Dirette. Esse possono accadere nei primi minuti del primo esercizio, in qualsiasi momento dell'Intensivo anche il più improbabile o nell'attimo che sancisce la conclusione del corso. Tutto questo è già accaduto negli anni passati.

Il partecipante impara gradualmente a mantenere una posizione aperta: in ogni istante ognuno può vivere un'Esperienza Diretta. In ogni attimo ognuno può liberare energia, sentirsi carico, forte ed entusiasta; oppure può sentirsi privo di energia, svuotato, senza risorse, senza speranze, ma sa che non è solo, che è sostenuto.

Ogni cosa può accadere e per ogni cosa la squadra dell'Intensivo è preparata. I componenti sono pronti, aperti, attivamente presenti l'uno per l'altro. Se c'è energia e gioia, il gruppo è felice e procede spedito. Se c'è difficoltà e crisi, mette energia nella tecnica, rinforza il contatto e supera gli ostacoli.

La squadra spinge nell'intento all'unisono, come se dovesse spostare la casa che la ospita. È motivata, aperta, ride, piange, vuole rendere migliore il mondo di cui è parte. Anche quando sono coinvolti e allegri, i partecipanti non si abbandonano al divertimento o all'entusiasmo, il gruppo continua a tenere il timone: la meta, la tecnica, le regole, l'orario non solo per il proprio risultato ma anche per il successo di tutti i partecipanti.

Le persone, quando raggiungono il traguardo con il pieno appoggio degli altri, riconoscono che è un'esperienza d'immenso valore e che l'aiuto reciproco dovrebbe diventare una priorità in ogni relazione.

Il gruppo diventa coeso, lavora con zelo e diligenza nel pomeriggio del terzo giorno; lo spirito d'iniziativa aumenta sino alla fine dell'ultimo esercizio. Il discorso finale fornisce le indicazioni per la corretta conclusione del corso e per il positivo rientro a casa. Il maestro conclude l'Intensivo con senso di gioia, di vittoria e di grande valore!

La fine dell'Intensivo è un'esplosione d'energia!

I partecipanti, fieri dell'avventura, sono felici delle conquiste ottenute e grati per avere dato e ricevuto.

Conclusi i festeggiamenti la compagnia dell'Intensivo si scioglie e ognuno ritorna alla sua realtà.

Il partecipante dall'Intensivo riceve un ultimo dono estremamente prezioso: la maestria della sua energia. Impara a risvegliare e a liberare l'energia per indirizzarla verso la meta. Scopre come trasformare le azioni in risultati e come aiutare gli altri in questo. Grazie alla nuova maturità la persona potrà innescare i giusti cambiamenti nella sua realtà e conquistare appieno la *sua vita,* una vita che la rispecchi, la esprima e la realizzi. Percorrere ogni passo dell'Intensivo in modo corretto e pulito, senza intenzioni nascoste, confusione, tentennamenti, con il massimo impegno, è una sfida enorme ma indispensabile, perché alla conclusione il ciclo si completa con il risultato pieno, con trasparenza, senza ombre e rimangono solo valore, gratitudine, pienezza. I prossimi partecipanti, che saranno attratti da questo innovativo strumento di crescita, dovrebbero sapere che al Centro Studi Podresca da trent'anni abbiamo tenuto gli Intensivi e tuttora continuiamo, proprio con il rigore descritto, con un impegno straordinario di alta scuola per un risultato indicibile. La consapevolezza della persona.

Infinite possibilità di essere, infinite possibilità di azione. Io posso essere, io posso fare. È possibile ogni cosa. Sentire una forza potente, onnipresente in ogni cosa... questa forza va trasformata in atti creativi, è un'energia potente che va indirizzata nella vita, nei progetti, nel fare!

Iolanda Canensi

17

Salto in un nuovo paradigma

La brutta notizia è che il tempo vola!
La buona è che il pilota sei tu.

– Michael Altshuler –

Le Esperienze Dirette si rivelano e si confermano non solo come utile oggetto di studio, come "semi" di conoscenza inedita, ma anche come cancelli che dischiudono mondi nuovi: condizioni esistenziali difficilmente concepibili anche con la fantasia più fervida e vibrante... Le Esperienze Dirette rappresentano salti evolutivi rispetto a ciò che il ricercatore considera come se stesso, gli altri e l'esperienza della vita.

Nessuno può studiare le Esperienze Dirette in modo convenzionale attraverso l'osservazione e il metodo deduttivo-riflessivo; osservazione e metodo si avvalgono di parametri per qualificare, quantificare, definire, misurare con la mente. L'approccio logico non è adatto per afferrarne l'essenza e la sostanza. Le Esperienze Dirette vengono conosciute soltanto attraverso il vissuto personale.

Il capitolo approfondisce l'effetto delle Esperienze Dirette sulla personalità umana: come esse attivano cambiamenti positivi nell'espressione e nella qualità della vita di chi le abbia sperimentate.
L'Esperienza Diretta è una. Non ne esistono tipi diversi.
Non esistono stati diretti differenti, nemmeno quando i partecipanti lavorano su oggetti o su domande diverse.
Con l'Esperienza Diretta la consapevolezza individuale tocca e sperimenta sempre lo stesso stato di coscienza. L'Esperienza si presenta con qualità che definiremo soggettivamente assolute, qualità uniche nel loro genere.
L'Esperienza Diretta è un attimo senza tempo e senza qualità, è pura consapevolezza senza definizioni: appare alla coscienza. La mente strutturata cerca di interpretarla e, non avendo gli strumenti per farlo, rimane sorpresa. Lo studio delle comprensioni e delle formulazioni successive all'Esperienza Diretta, indica come essa si integra nella struttura della mente umana. L'apice di consapevolezza è uno stato di totalità e di unione radicalmente diverso dalla condizione usuale. La mente razionale è priva di riferimenti per locarlo nello spazio e nel tempo, o per interpretarlo. Di fronte *all'indicibile* una soluzione, che la mente razionale adotta di frequente, è includere tutto. La mente razionale include tutto il tempo, lo spazio, le qualità e le definizioni più diverse. Per questo motivo definiamo l'Esperienza Diretta come "soggettivamente assoluta", perché nulla appare come esterno a essa.
La mente è preparata a riconoscere gli stimoli, a reagire ed elaborare le comuni esperienze indirette appartenenti alla percezione duale.

La dualità è uno stato della coscienza nel quale il soggetto è separato dall'oggetto che vuole conoscere. Il soggetto conosce l'oggetto tramite processi sensoriali e psicologici.
La mente umana si trova in difficoltà nel trattare le Esperienze Dirette perché ogni parametro conosciuto appare irrimediabilmente inutilizzabile. L'Esperienza Diretta accade e la mente registra la trasformazione ma non trova il modo di definirla, riconosce che qualcosa è accaduto nel suo spazio d'influenza, ma non riesce a definire *che cosa*. L'evento è talmente sorprendente che essa non riesce a ricondurlo a qualcosa di noto, a qualche parametro presente nella sua banca dati.
Il primo effetto dell'incontro tra Esperienza Diretta (avvenuta nello spazio dell'individualità consapevole) e mente del partecipante (la dimensione psicologica) è uno stupore totale e profondo. Poco prima e subito dopo l'istante vissuto in modo diretto nella mente scattano percezioni, pensieri, comprensioni, conclusioni e intuizioni, generalmente legate alla domanda investigata dal ricercatore. Superata la sorpresa che segue l'Esperienza Diretta, spesso, ma non sempre, emerge una risposta alla domanda "Chi sono io?" oppure "Che cosa sono io?" La risposta non coincide con la verità in sé appena esperita, ma costituisce la risposta che la mente tenta di elaborare per organizzare *"l'inorganizzabile"* e per dare senso all'indicibile.
Spesso accade che il partecipante sia più colpito e affascinato dagli effetti che precedono e seguono, che non dall'Esperienza Diretta stessa. È utile e positivo che il partecipante consideri ogni elemento nuovo; ma è di grande valore che egli riporti l'attenzione all'attimo vissuto in modo diretto e che dia la priorità al puro evento in sé.

L'effetto che emerge come conseguenza dell'Esperienza Diretta assume diverse forme: un nuovo stato dell'essere, un inedito punto di vista sull'esistenza, un modo nuovo di stare nella vita, di essere consapevoli di sé, approcci originali alle esperienze, risposte più efficaci e raffinate da dare agli altri.
Perché emergono queste comprensioni?
La mente umana si struttura in due parti, una consapevole (mente funzionale) e una inconscia, automatica (mente reattiva).
La mente funzionale, che elabora informazioni comprese e integrate dall'individualità consapevole, ha una natura *identificativa.* L'individuo si identifica: "Io sono".
L'altra parte della mente possiede informazioni non conosciute dall'individualità consapevole, essa è *proiettiva.* L'individuo rigetta un'identificazione negativa, la proietta sugli altri e sulla realtà circostante: "Non sono io, gli altri non vanno bene così come sono".
La mente funzionale definisce la parte assunta della dualità esistenziale (quello che so di essere), la proiezione è quello che credo che gli altri siano, prima di conoscerli veramente.
Ciò che l'individualità consapevole non riesce a integrare-assumere, proietta come altro e separato da sé.
La dualità percepita si conferma in verità una monade, una moneta con le due facce. L'una è indissolubilmente connessa e intimamente correlata con l'altra.
Siamo fatalmente attratti dai nostri ignoti fondamentali, perché essi sono parti di noi non vissute appieno. Per questo non possiamo tralasciarli. Non possiamo fare a meno di noi stessi!

La dualità è composta da due elementi: la parte assunta (il soggetto) e la parte proiettata (l'oggetto). È l'individualità consapevole, che li origina entrambi, che fa apparire uno stato o condizione esistenziale di dualità.
Quanto ci appartiene la parte assunta, tanto ci appartiene la parte proiettata. Quanto siamo responsabili di ciò che originiamo con il senso di "io", tanto siamo responsabili delle reazioni che ci sfuggono di mano.
La formazione della percezione duale avviene nella prima infanzia. Può avvenire in svariati modi: può essere graduale e delicata, sopraffacente o violenta. La qualità dell'educazione nei primi anni di vita svolge un ruolo fondamentale e incide sulla formazione della personalità.
L'individualità consapevole, quando dispone di tempi e modi adeguati per conoscere l'informazione complessa della sua biologia (bisogni), delle sue relazioni (affetti) e del suo ambiente (sicurezza e appartenenza), maturerà con integrità. Il bambino diverrà consapevole di sé e delle sue esperienze in modo completo e svilupperà il processo di assunzione "io sono" con positività.
Ma se il contesto, le persone e le esperienze colpiscono o minacciano i bisogni, gli affetti, la sicurezza e l'appartenenza, l'ignoto dilaga e aumenta il senso di separazione. Se gli stimoli dolorosi e l'incapacità di comprendere (prendere in sé) saranno sopraffacenti sull'individualità consapevole, parte dell'esperienza si separerà. Con il rifiuto degli eventi, questi prima diverranno inconsci e inaccessibili, poi condizionanti e limitanti.
Il meccanismo funziona con precisione matematica.

L'individuo consapevole non riesce a sostenere un evento sopraffacente e lo rifiuta. Nel grado in cui rifiuta, rigetta, respinge, allontana da sé, l'evento diventa sconosciuto e inaccessibile, estraneo al suo dominio. L'evento ignoto attiva un effetto limitante e condizionante. La mente prova a proiettarlo all'esterno per tentare di conoscerlo e di risolverlo.
Percorriamo *l'iter* descritto con un esempio.
Immaginiamo un bambino che cade dalla bicicletta e si spaventa. È solo, nessuno può consolarlo e il dolore diventa insostenibile. La caduta e la paura sono per lui sopraffacenti; allora rifiuta la bicicletta e non vuole riprovare. È infastidito che gli amici si divertano a pedalare mentre lui non ci riesce. La situazione diventa conflittuale. "Voglio la bicicletta" si scontra con "non voglio". Per risolvere la tensione la mente inconscia proietta il problema all'esterno: "Non voglio che gli altri vadano in bicicletta (proiezione) e sono sbagliati (rifiuto)". Prende forma un giudizio: "Gli altri sono sbagliati perché vanno in bicicletta". Adesso che il problema è "fuori", il bambino non può fare nulla per risolverlo. Non può cambiare gli altri, di conseguenza si sente impotente, doppiamente incapace ed entra in uno stato di frustrazione.
Arrabbiarsi con gli altri è il tentativo per dissolvere il dolore della caduta e dello spavento. Tuttavia ricreare il dolore nel presente è un tentativo inefficace di integrare il dolore del passato.
La mente inconscia è un insieme di impressioni o identificazioni capaci di creare zone d'ombra – vere e proprie "eclissi" – dove la mente funzionale non riesce a entrare.

Questo rapporto "scisso" sia interno che esterno causa interpretazioni limitanti. La persona non si accorge di averle oppure, se e quando le conosce, crede di non poterle cambiare o abbandonare.

L'Esperienza Diretta è uno stato libero dall'influenza della mente inconscia. Chi la sperimenta la percepisce senza tempo, senza spazio, senza qualità, senza forma, senza definizione. Trascorso l'istante senza tempo, inqualificabile e indefinibile, la mente subito si ricompone, ma si trova cambiata, ri-strutturata.

L'Esperienza Diretta spazza via un insieme di credenze limitanti. Al loro posto si insediano nuove consapevolezze e nuove conoscenze.

In linguaggio tecnico avviene questo: un insieme di strutture inconsce si dissolve nella mente inconscia, mentre un insieme di conoscenze si afferma nella mente funzionale e la rafforza.

In senso poetico un parte di ombra si dissolve, lasciando risplendere la luce sottostante. In base alla tipologia di *ombra* presente nella mente reattiva (paura, giudizi, credenze limitanti, rabbia) si configura nella mente funzionale l'effetto positivo corrispondente, o *scoperta* (coraggio, decisione, autostima, amore).

Se un forte senso di non esistenza opprimeva la mente inconscia, adesso splende la consapevolezza: "Io esisto!"

Se l'ansia di non andare bene dominava il campo, l'ansia di non essere mai nel posto giusto al momento giusto, appare la libertà dal tempo e dallo spazio, la fierezza di sé e la consapevolezza dell'infinito.

Alla comprensione che segue l'Esperienza Diretta non va attribuito lo status di verità soggettivamente assoluta. Essa va riconosciuta come una scoperta personale di immenso valore per la propria emancipazione.

Non si può prevedere quali particolari *ombre* una persona affronterà e dissolverà e quali scoperte corrispondenti appariranno in modo spontaneo.

Di conseguenza non è possibile formulare regole pre-determinate. Ogni individuo compie un percorso unico e irripetibile.

Sono identificabili delle stazioni tipiche, caratteristiche comuni condivise dagli esseri umani.

L'Esperienza Diretta è per sua natura incomunicabile. La presa di coscienza successiva determina *come* essa influirà sulla vita.

Per ogni domanda esistono *risposte* tipiche o *scoperte.* Se dopo l'Esperienza Diretta il partecipante non ha nulla da dire, è assai probabile che egli non introdurrà elementi rivoluzionari nella vita.

Se il partecipante esprime un amore intenso, universale, commovente, questo impregnerà profondamente la sua vita, che prenderà una direzione precisa, non una direzione qualsiasi.

Il percorso di ricerca che l'Intensivo sull'Essere Consapevole propone ai partecipanti segue una strategia studiata a fondo e di comprovata efficacia.

Il partecipante avvia la ricerca con la domanda: "Chi sono io?" Prende consapevolezza di sé. Può avere una o più Esperienze Dirette quindi procede.

Il secondo oggetto di investigazione è la vita. Su "la vita" è bene che il partecipante raggiunga diverse Esperienze Dirette prima di proseguire, perché le comprensioni e le scoperte gli permetteranno di fluire con maggiore intensità e maggiore velocità nelle dinamiche esistenziali.
Conquistata la vita, il partecipante procede con il terzo oggetto di ricerca: "l'altro essere umano". Anche su questa domanda è utile che il partecipante si soffermi fino a ottenere da due a cinque Esperienze Dirette prima di proseguire.
La tappa successiva è una sfida: "Che cosa sono io?".
Il partecipante affronta la sua qualità essenziale, che cosa è l'individualità consapevole. Anche in questo spazio è utile porsi la meta di ottenere da due a cinque Esperienze Dirette.
La somma di queste tappe, ordinate e conseguenti, crea nel partecipante chiarezza inedita e maturità personale. Parti sempre più cospicue di *ombre* saranno via via dissolte e nuove conoscenze infonderanno un significato profondo e una gioia incontenibile. Avere due o più Esperienze su una domanda permette di allargare molto la visione.
Per comprendere meglio la complessa dinamica della ricerca, è di aiuto la storia dell'elefante e dei ciechi che tentarono di descriverlo.
Cinque ciechi dalla nascita, in piedi davanti all'animale, ricevono il compito di dire che cosa sia un elefante. Uno tocca la gamba e dice che è come un albero. Uno tasta la coda e afferma con certezza che è come una corda. Uno afferra la proboscide e spiega che è come un serpente. Uno strofina fra le mani l'orecchio e dice che è come una foglia e l'ultimo si appoggia ai fianchi del pachiderma e dice che è come un muro.

Ognuno dà una descrizione differente in base alla propria esperienza. Tutti hanno avuto modo di toccare l'elefante, ma ognuno ha colto aspetti diversi in base al suo punto di percezione e dà una descrizione con concetti differenti. I ciechi discutono a lungo fra loro, perché ognuno è convinto di avere ragione, il che è vero in un certo senso. Esiste però la possibilità di vedere tutto l'elefante e nella ricerca accade proprio così. Dopo molti Intensivi e molte Esperienze Dirette il ricercatore raggiunge la visione completa, vede tutto l'elefante.

Esaurito il primo ciclo di lavoro sulle quattro domande, il partecipante si addentra ancora di più nella ricerca con le stesse domande. Ottiene altre scoperte, che prima si presentano singolari, specifiche per ognuno, e poi più neutre. Gradualmente i fenomeni tendono a scemare e lasciano spazio alla pura consapevolezza che infine rimane semplice presenza, libera da effetti collaterali.

Le domande si "spengono"; non affiorano più risposte, o una sola parola può definire tutti i quesiti.

Possiamo anche dire che il partecipante esperisce la consapevolezza *di per sé*, senza una traduzione mentale. Il ricercatore dovrebbe sapere che la ricerca non è conclusa finché non giunge a questo traguardo, perché ogni conclusione implica comunque un'interpretazione settoriale della realtà, è solo una parte, non l'elefante intero.

Adottare una visione parziale significa credere di sapere tutto, quando non è così, significa anche essere soggetti all'inganno, creare da soli un tranello, nel quale poi puntualmente si cadrà.

Dopo un lungo viaggio di ricerca e di scoperta, dopo vari tipi di intuizioni e comprensioni sulle quattro domande esistenziali, la persona approda a un vasto orizzonte. Nella crescita esiste un punto dove si conclude ogni tipo di domanda e di risposta.

Procedendo nella crescita, esaurite le risposte, la consapevolezza continua progressivamente ad ampliarsi fino alla possibilità di conquistare il *vivere direttamente* come uno stato stabile. L'individuo consapevole permane nello stato non duale.

L'individuo consapevole percepisce come completamente naturale il nuovo ordine. Il corpo è una dimensione biologica che funziona con i processi fisiologici, la mente è una dimensione psicologica che opera con i processi cognitivi, l'individuo consapevole è pura consapevolezza, è presente con lo stato di unione.

La personalità umana si ristruttura, assume una configurazione nuova e porta l'individualità consapevole al centro, un baricentro che resta invariato con il passare del tempo o con l'influenza delle esperienze.

Lo stato stabile della consapevolezza non viene e non va, permane. Nulla lo altera, adombra o mette in dubbio. È indipendente dai bisogni, dai desideri, dai fini, dai risultati e dai fallimenti. La sua *sostanza* permea senza sosta il tessuto dell'esistenza, come un profumo che regala un'eleganza inattesa. È inalterabile e incorruttibile, libero dalle alterne vicende del corpo, della mente e delle relazioni con gli altri. Si auto-afferma con un'evidenza assoluta: l'individuo consapevole ha piena maturità e piena padronanza di sé.

Dalla sua espressione trapela il senso della pienezza, la certezza di sé, una forza particolare, potente e gentile al tempo stesso. La consapevolezza individuale, insediatasi al centro della personalità, si orienta mediante scelte autentiche e auto-realizzanti e segna la conquista di una vera e propria tappa evolutiva.

Essere in grado di attivare e di incanalare la complessa macchina delle risorse, della conoscenza e delle abilità custodite nella persona per realizzare l'intenzione originata dal centro consapevole costituisce un cambiamento epocale. Esso porta non solo a ottenere molti risultati nella vita ma anche all'esperienza della completezza esistenziale.

Le scelte originate dall'individualità consapevole sono d'immenso valore, sono portatrici dell'individuo che le origina. La persona si accende di entusiasmo, sente il valore e l'importanza di dare seguito con progetti e azioni a quello che ha originato da sé come individuo consapevole. Concretizzare le scelte autentiche le porta un dono straordinario: sente che la sua vita la realizza. Con questi ingredienti l'espressione umana raggiunge la completezza.

La persona scopre la sintonia naturale con la realtà circostante. Scopre l'equilibrio intelligente tra le verità oggettive (conoscenze condivise), le verità soggettive (che cosa è vero per me) e la verità soggettivamente assoluta (chi sono io). Concepire le tre verità in accordo tra loro permette all'individuo di comporre una visione più complessa ed evoluta della realtà. L'individualità consapevole al centro della personalità rende la persona integra, pienamente efficace, completa: una sorgente inesauribile di gioia di vivere.

Tutte le conoscenze, le abilità e le informazioni che la mente elabora, sono poste al servizio delle scelte consapevoli che l'individualità origina. Ne deriva la coerenza: scelte e azioni sono in completo accordo, in sincronia. Svanisce l'indecisione e si afferma l'abilità di decidere in modo autentico e completo.
La consapevolezza è una dote umana importante come il corpo e la mente. Serve che ognuno la riconosca e la consideri tanto quanto si appagano i bisogni, si assimilano conoscenze e si realizzano i desideri. A questo punto appare l'equilibrio esistenziale di cui abbiamo bisogno.

Non trovo qualità al mio Essere, solo neutralità, semplicità.
Un ultimo magico ricordo: in una passeggiata nel bosco ascolto il silenzio e odo i passi, il gocciolare della neve, il chioccolio dei rigagnoli; vedo le persone muoversi e tutto è immobile; il mio corpo cammina leggero e sciolto con sicurezza e nessuno lo muove o lo guida.
Immensa gratitudine.

Eleonora Galli

Una gioia intima mi pervade, una profonda sensazione di pace mi riempie...

Angela

Sono arrivata a sentire nel profondo che ogni cosa e ogni essere umano è costituito della stessa sostanza e mi sentivo allo stesso tempo contenuta in tutto e contenitore di tutto.

Moira

Ho conquistato la responsabilità oltre che il piacere di amare ogni istante, ogni azione che faccio, ogni cosa che mi circonda.

Susanna

Ho raggiunto una conquista enorme: la bellezza di mostrarsi!

Chiara

18

L'etica dell'Intensivo

Nella mia cultura il rispetto è una virtù.
Esso è la mia guida e mi accompagna nel mondo degli uomini.

– Detto popolare cinese –

L'Intensivo è un processo di cambiamento che progredisce nella direzione di più verità, più apertura e profondità, maggiore vicinanza tra le persone. È un cambiamento positivo che appaga bisogni veri dell'essere umano. Tuttavia non risulta facile né scontato.
Per affrontare questi cambiamenti positivi è indispensabile che il ricercatore si munisca di nuove conoscenze e abilità. Soprattutto è necessario che scelga l'etica, la coerenza e l'integrità personale.
Elevare il livello di etica è molto diverso da pensare a un valore, ritenere che sia giusto e poi dimenticarlo; significa assumere posizioni, scegliere, comunicare agli altri le decisioni prese, agire in modo coerente, attenersi agli accordi, dimostrare con i risultati il valore interiore.
Elevare l'etica è un progetto di grande portata e spessore.

È chiarezza personale, impegno, coerenza, forza, superare ostacoli, essere leali e chiedere agli altri di essere leali.
La somma di questi atteggiamenti e di queste azioni conduce alla fierezza di sé. Ognuno dovrebbe porsi questo standard, essere fiero di sé.
Il metodo dell'Intensivo crea il contesto ottimale per attivare un'intensa crescita della persona e al contempo stabilisce gli argini affinché la crescita avvenga in piena sicurezza. Regole e accordi permettono di riconoscere in tempo utile, e quindi prevenire, rischi e pericoli.
Immaginiamo l'incalcolabile quantità di sassi presente sulla Terra e supponiamo che si possa inciampare su ognuno. Ebbene il numero dei giudizi e delle emozioni trattenute nelle menti delle persone è ancora più alto, ed esse potrebbero inciampare su ognuno. L'Intensivo è come un'imbarcazione che si destreggia in un oceano di vissuti e giunge in porto. Questo è possibile grazie alla struttura, al metodo, all'onestà del team organizzativo e a un livello altissimo di etica.
Ogni scelta, ogni azione viene attuata al meglio possibile, al massimo, per donare le più alte opportunità a ognuno. I partecipanti riconoscono la completa onestà e corrispondono con la loro fiducia. **La somma di correttezza e di fiducia crea opportunità inedite di crescita e di sviluppo.**
Per acquisire padronanza e per garantire che l'etica duri nel tempo l'azione corretta è **assumere le scelte prima delle esperienze**.
Se gli eventi sono abbandonati al caso, ci sono probabilità che gli esiti siano corretti e probabilità che si verifichino errori e scorrettezze.

Se fissiamo un accordo, esso definisce lo standard del comportamento e il risultato positivo è certo: sappiamo che tutte le parti coinvolte, sia noi che gli altri, saranno corrette.
Il partecipante dell'Intensivo è particolarmente esposto a problemi di natura etica, perciò occorre che si premunisca da subito.
I pregiudizi causano problemi; le persone credono di sapere invece non sanno. Credono di essere capaci di avere vicinanza con gli altri, ma alla prima tensione aggrediscono o si ritirano. Credono di volere solo il bene proprio e altrui, poi scoprono in sé cariche di rabbia ingestibili e incontrollate. Bisogna disinnescare queste trappole.
Nell'Intensivo i partecipanti sviluppano la dote del contatto intimo e profondo, imparano a instaurare relazioni di alta qualità, scoprono di influenzare gli altri e di essere altrettanto influenzati da loro. Questa straordinaria opportunità di crescita richiede un livello di etica corrispondente.
Se vogliamo maturare come persona, abbiamo bisogno di essere corretti con gli altri e di ricevere pari correttezza, perché questo fa parte della crescita. Una situazione qualunque, positiva o negativa, affrontata in modo etico diventa espressione di virtù; gestita senza rispetto si trasforma in abuso. Qualsiasi forma di accrescimento senza correttezza costituisce un successo parziale e instabile. Oggi è necessario superare l'obsoleto modello di seguire le regole in modo meccanico, distaccato, senza motivazioni e senza comprenderne le ragioni.
Il partecipante che affronta l'avventura dell'Intensivo ha bisogno di strumenti di maggiore forza etica per affrontare le difficoltà e le trappole in cui si imbatterà.

Per elevare il livello di etica occorrono nuove conoscenze: sapere di più, capire, osservare dalla prospettiva giusta, conoscere sia il mondo che noi stessi, che cosa è veramente importante per noi.

La conoscenza conferisce uno status operativo: saper fare. Al contempo libera dall'ingenuità e dalla preparazione approssimativa. Sapere di più equivale a poter fare di più e meglio.

Dopo aver compreso, elaboriamo i dati in nostro possesso e scegliamo. La scelta è l'espressione della maturità personale, è autenticità, è la capacità di prendere e di tenere una posizione. Scegliere ci "chiarisce" rispetto a noi e agli altri, ci rafforza, ci libera dalla finzione, dal conformarci per debolezza a un modello.

Scegliere significa esserci.

Scegliere significa determinare *come* noi vogliamo essere e stare nella vita.

Scegliere ci conferisce anche uno status operativo: voler fare.

Dopo aver compreso e scelto, accediamo alla terza tappa: **agire in modo etico.**

La rettitudine è la forza, che traduce "saper fare" in "fare in concreto" e aggiunge la componente temporale: continuare a fare per il tempo necessario.

La rettitudine garantisce il collegamento tra l'individuo e le azioni: "Quello che dico faccio, quando faccio ottengo".

La persona ottiene così il risultato e lo indirizza ancora una volta verso la crescita. Il risultato non segna la conclusione di un ciclo, ma una tappa del percorso.

Il partecipante per tre giorni guida il proprio comportamento in questo modo alto e nobile.

La capacità di essere etico e coerente coincide con l'onestà di attenersi alle regole del corso, di praticare la tecnica al meglio, di mantenere relazioni di alta qualità. L'onestà coincide con l'ottenere risultati straordinari nei quali scoprire un'amore e una gratitudine infiniti.

Coerenza, integrità e risultati sviluppano potere d'azione.

Le parole del partecipante diventano operative, producono un effetto sugli altri; egli fa quello che dice, quello che fa si avvera ed egli realizza nel concreto la sua intenzione. Gli altri gli danno fiducia, lo amano per quello che è.

Il partecipante che acquisisce questo maggiore potere operativo ha il compito di garantire che se ne avvarrà per la crescita propria e altrui e che non ne abuserà. Si tratta di un principio chiave: usare il potere per la crescita.

Arriviamo così a una conclusione importante.

Il risultato del comportamento etico è ottenere risultati etici e diventare una *persona etica*.

Nei tre giorni dell'Intensivo le persone vivono interamente questo processo così delicato e raro. I partecipanti sperimentano ora dopo ora che cosa significa essere corretti gli uni con gli altri.

Non importa quanto siano stanchi, appagati o irritati; non importa quale sia la condizione o il comportamento dei compagni del corso, i partecipanti sono buoni gli uni con gli altri. Ognuno dà il suo meglio per sostenere i compagni, lotta per il loro successo, dà la massima attenzione e comprensione, affinché essi vincano e riescano nella loro intenzione.

E così si afferma e si consolida la componente umana collaborativa. Questa formula sviluppa all'unisono la crescita personale del singolo e la crescita di tutto il gruppo. Ciascuno supera il concetto "prima per me e dopo per gli altri" e scopre che cosa significa "facciamo insieme e riusciamo insieme".

Quando un gruppo di persone impara ad agire insieme, si liberano potenzialità straordinarie: avere intenzioni condivise, sommare l'attenzione, agire in modo convergente per il fine comune.

Imparare ad agire in seno a un gruppo è uno spartiacque evolutivo fondamentale. Il soggetto supera la strategia dell'egoismo (io vinco superando l'altro), afferma la collaborazione che valorizza ogni componente e ottiene una vittoria più grande: "Noi cresciamo insieme!"

Quando un individuo ambisce a crescere e raggiunge davvero la crescita, scopre il potere d'azione, ottiene quello che vuole.

Quando scopre il potere d'azione, è tempo per impiegarlo per la crescita degli altri, non per sé.

Dare agli altri l'opportunità di crescere diventa una nuova meta da realizzare. Avviene così perché le relazioni con gli altri sono di supremo valore nella vita e sono il luogo della nostra umanità.

Se non ci dedichiamo alla crescita di qualcuno, rimaniamo incompleti. È come se un **nostro** tesoro giacesse celato nelle profondità dell'altro; il nostro essere resta inespresso, la nostra umanità incompiuta. C'è un gioiello nella sostanza dell'individualità consapevole: la sua umanità.

Quando si raggiunge questo tesoro formidabile, si scopre che esso non è adatto a goderne da soli, ma è fatto per essere condiviso con gli altri.
Ogni persona custodisce un diamante chiuso nel suo forziere e, non appena riesce ad aprirlo, scopre che ha bisogno di condividerlo.
Per riuscire nell'impresa occorre una relazione vera: "Qualcuno vuole che io riesca, io voglio che gli altri riescano".
Chi riceve l'aiuto ha l'opportunità di riuscire.
Chi dà aiuto ha l'opportunità di crescere.
Quando entrambi riusciamo, la vittoria è completa e noi brilliamo come un faro nel mare della vita!
La crescita della persona non è una strada solitaria.
È un viaggio da compiere insieme.

...ho messo l'amore davanti a tutto, perché sono fermamente convinta che Amore e Verità vincano sempre, nonostante tutto.

Irene Buzzoni

Se ognuno fosse consapevole e responsabile della propria esistenza il mondo sarebbe meraviglioso.

Monica Rizzo

19

Elevare la vita con le Esperienze Dirette

Tu puoi dire mi dispiace un milione di volte,
dire ti amo quanto vuoi, dire quello che vuoi,
ogni volta e come vuoi.
Ma se non avrai intenzione di provare
che le cose che dici sono vere, allora non dire niente.
Se non puoi dimostrarlo con dei risultati,
le tue parole non significano nulla,
rumori che sbiadiscono e confondono
il senso e il valore della tua vita.

– *Anonimo* –

Molti partecipanti domandano come portare nella vita l'Esperienza Diretta vissuta all'Intensivo. In verità bisognerebbe formulare la domanda al contrario: "Come posso portare la mia vita nell'Esperienza Diretta? In che modo costruirò una vita in armonia con la verità di me stesso? Come cambierò la mia vita così da vivere nello stato di unione che ho sperimentato direttamente? Come conquisterò la mia completezza in un'esistenza che rifletta questa pienezza e questa armonia?"

La condizione generale di una persona è influenzata dalla condizione del corpo, della mente-personalità, delle relazioni, del mondo e della società in cui essa vive. Accade che alcuni o tutti questi elementi non siano in completa armonia con l'individualità consapevole e che provochino dissonanze e squilibrio esistenziale.

La persona sperimenta con l'Esperienza Diretta uno stato di equilibrio perfetto, percepito come soggettivamente assoluto. È un equilibrio momentaneo, ma si vorrebbe che durasse per sempre, è la sincronia perfetta tra sé e tutto il resto.

Dopo l'Esperienza Diretta la persona ritorna a percepire sé e la realtà attraverso i soliti meccanismi, alcuni efficaci, alcuni inadeguati e fallimentari, altri incompatibili con l'unione sperimentata.

Nasce così il bisogno di trasformare la propria vita in modo da manifestare sé in armonia con la verità soggettivamente assoluta: compito ancora più arduo che raggiungere l'Esperienza Diretta.

"Portare la mia vita nell'Esperienza Diretta" non è solo un pensiero poetico ma anche una necessità tecnica e pratica. Una volta scoperto lo stato ottimale, serve che dissolviamo i dati errati, le tensioni, l'ignoranza, gli attaccamenti e gli squilibri che lo alterano. Serve che lasciamo andare i disturbi e che conquistiamo il modo di tradurre e di manifestare la nostra condizione interiore. Dopo aver scoperto "So chi sono io!", emerge il bisogno conseguente: "Voglio vivere la mia vita!"

Se il partecipante non affronta un progetto serio per stabilire la verità e l'equilibrio nella sua vita, scatta inesorabilmente una fuga.

Il partecipante fugge dall'Esperienza Diretta con la giustificazione di occuparsi della quotidianità, oppure fugge dalla routine per stare nella dimensione indefinita dell'Essere. Entrambi sono tentativi errati. Afferrare un aspetto e credere di poter ignorare l'altro è un approccio che non funziona.

Nel primo caso l'individuo abbandona il senso di pienezza totalizzante, l'amore profondo, la gioia intensa, per adattarsi alla "normalità". Benché disponga di una realtà che in qualche modo funziona, la persona rimane sempre e comunque incompleta, inadeguata e insoddisfatta. La vita quotidiana non ricomprende mai la verità, che decade a dimensione mitica.

Nella seconda ipotesi la persona si ritrae nello stato interiore che ha imparato a percepire ma non si occupa dell'*esterno*, svilisce o trascura la realtà d'ogni giorno. Rinuncia ad avere progetti a lungo termine, li ritiene irrealizzabili, secondari o inutili. Si ritrova ugualmente incompleta, inadeguata e insoddisfatta, perché la realtà dove è inserita non la riflette e non la appaga.

L'errore consiste nel credere che si possa usufruire del benessere di una parte della vita, ignorandone l'altra. Alla radice di questo pensiero ritroviamo l'interpretazione duale, divisa, separata, di sé e dell'esistenza.

Abbiamo bisogno di un benessere completo e non possiamo costruirne solo metà. Abbiamo bisogno di un corpo sano e appagato nei suoi bisogni, di essere una persona realizzata ed espressa, di essere individui consapevoli capaci di scegliere e di orientare la vita. Non possiamo ignorare o prediligere i bisogni rispetto ai fini, né viceversa.

I diversi aspetti di noi sono equivalenti. È necessario considerarli, rispettarli e trattarli con lo stesso valore. Equilibrio e benessere in ogni aspetto danno la possibilità di esperire la completezza: sentire di essere veramente-completamente noi stessi, fieri della nostra vita. Anche se è difficile realizzarlo, non dovremmo mai rinunciare a provare, tentare e progredire. Spesso i partecipanti dell'Intensivo pensano che l'Esperienza Diretta sia la fine; arrivano al traguardo e si rilassano, ma non è così.

L'Esperienza Diretta è l'inizio.

È il punto di partenza di un processo di crescita che dura tutta la vita.

L'Esperienza Diretta costituisce la reale opportunità di trasformare la realtà quotidiana in quello che abbiamo sperimentato direttamente come verità soggettivamente assoluta. La motivazione adesso è cresciuta perché siamo consapevoli della verità di noi stessi, sappiamo attribuire maggiore senso e maggior valore alla nostra esistenza.

La ricerca nell'Intensivo fa emergere una grande quantità di vissuti, di pensieri e di emozioni. La nostra mente, come il vaso di Pandora, si apre e lascia intravedere i suoi contenuti.

Dopo l'Intensivo serve affrontare questo grande "vaso" aperto che siamo noi stessi, i nostri talenti e i nostri sospesi. Noi già viviamo orientati dai bisogni, dai desideri e dai fini. Con l'Esperienza Diretta nasce l'esigenza di orientare la vita in base alla verità soggettivamente assoluta da cui emerge la ragione motivante e fondante di tutta l'espressione personale. Emerge la necessità di scegliere uno stile di vita più adatto, che ci rispetti e ci rifletta maggiormente.

Siamo pronti per agire e per impegnarci al massimo.
Prima di liberare tutto il nostro potenziale abbiamo bisogno della certezza di agire correttamente, abbiamo bisogno di scegliere di trattare bene gli altri, di avere cura di loro, di riconoscere il loro valore e di rispettare le loro scelte. Trattare bene gli altri è il precursore del cambiamento. Non si tratta di una teoria morale, è l'esigenza di essere coerenti.
Non c'è differenza tra la verità che cerchiamo, la verità di noi, e ciò che gli altri in essenza sono, perché essi sono la stessa infinita grandezza, sono equivalenti alla nostra individualità consapevole. La crescita consiste nell'adottare un comportamento etico e nel mantenerlo ogni giorno. Ecco la vera sfida. Il comportamento etico non solo funziona, ma è anche indispensabile.
Trasformare la propria vita in modo che essa esprima la verità soggettivamente assoluta è il compito che il partecipante si ritrova nelle mani dopo l'Esperienza Diretta alla fine dell'Intensivo sull'Essere Consapevole.
È imprevedibile e al contempo decisivo quanto una persona prenderà seriamente il compito: ordinare la vita in base alla verità di sé. Quanto è disposta a investire, a impegnarsi e a tenere una disciplina per realizzare questo progetto?
Ogni individuo avrà un modo squisitamente personale di realizzare la propria esistenza, ma ci sono elementi comuni a tutti. Abbiamo bisogno di esprimerci, di trattare bene gli altri; abbiamo bisogno di sentire piacere, di ottenere in modo giusto i nostri risultati, il benessere e la ricchezza; abbiamo bisogno di una vita familiare e sentimentale armoniosa e felice.

Quando una persona compie progressi reali in questa direzione, non solo in apparenza ma anche nei fatti, allora sta integrando con successo la sua vita nell'Esperienza Diretta. L'appagamento e la fierezza di queste conquiste allargano l'orizzonte. La persona diviene consapevole di essere un esempio, nasce in lei la motivazione a sostenere gli altri a crescere, a conoscere se stessi e a realizzare i loro progetti.
L'Esperienza Diretta sprigiona una bellezza umana indicibile ed è anche assai efficace: ogni cosa funziona al massimo livello. Poi si ritorna alle proprie abitudini, al proprio comfort quotidiano ma anche ai propri limiti e ai difetti. Appare allora forte il desiderio di attingere ancora alla purezza dell'Esperienza Diretta per tradurla nelle parole e nei gesti d'ogni giorno.
Il Centro Studi Podresca ha ideato un complesso sistema di studio interamente dedicato allo scopo. Scienze delle Abilità Umane: conoscenze e strumenti per elevare la vita e per condurla verso la visione alta e nobile scaturita dalle Esperienze Dirette.
Si tratta di un percorso per illuminare la strada in ogni ambito della vita: nella famiglia, nella relazione di coppia, nell'educazione dei figli, nel lavoro, nella terza età, nello sviluppo delle abilità personali e nel compimento esistenziale.
Un percorso articolato e ordinato per crescere come persona e per scoprire come la realtà quotidiana diventi l'espressione autentica dell'individuo, come la vita ordinaria si trasformi e diventi una vita davvero straordinaria.

Tornare a casa, dopo quei meravigliosi tre giorni, è stato un'inondare di amore e nuova consapevolezza ogni atto della vita quotidiana: le relazioni in famiglia, al lavoro, nelle amicizie, mangiando, osservando, camminando...

Francesca Dalle Grave

Vedo le persone sorridermi. Alcune con un'espressione un po' stupita, con gli occhi accesi di chi apre un regalo inaspettato.

Pietro Pedranzini

Credo che fare quest'esperienza d'Intensivo sull'altro abbia lasciato in me una piena "accoglienza" su ciò che l'altro è, su ciò che l'altro fa... noto con piacere che sparisce il giudizio, la critica e tutto avviene naturalmente... a questo si sostituisce una maggiore apertura, una maggiore comprensione.
Sento di esprimermi in modo fluido in armonia come le cose sono, così dentro così fuori. Sono trasparente, vera, corrispondo alle cose così come sono. Fluisco con tutto. Da questo sentirmi così vera e reale scaturisce spontaneamente il portare questa verità nella vita.
Il potere della mia espressione si è trasformato in potere d'azione, afferro la vita. La mangio, la gusto e sento che posso fare! Sono nella vita e agisco per la vita, e questa nuova condizione va in rete. Sembra non essere cambiato niente, ma è cambiato tutto.

Iolanda Canensi

20

Il valore dell'Intensivo

"L'Intensivo?
Facilità zero. Valore infinito!"

– Silvana Tiani Brunelli –

Ogni partecipante si rende conto del grande valore dell'Intensivo, per questo desidero approfondire che cosa sia esattamente questo valore.
Dopo trent'anni di assidua ricerca, di analisi e di verifiche la conclusione è che nel regno del *conoscere se stessi* non c'è strumento che superi l'Intensivo. Attualmente non si conoscono corsi che si avvicinino alla sua efficacia.
L'Intensivo è d'immenso valore in ogni fase della vita.
Nella fase dello studente offre ai giovani l'opportunità di sapere chi sono, di riconoscere che cosa vogliono e come orientare la loro formazione.
Nella fase della famiglia le Esperienze Dirette elevano se stessi, migliorano le relazioni e si riflettono immediatamente sulla qualità della vita. Accendono motivazioni e liberano una forza inedita per sostenere i progetti e le sfide.

Nella terza età le Esperienze Dirette completano, rasserenano arricchiscono di saggezza la persona e di significato profondo la sua esistenza. Con la scoperta di una nuova consapevolezza l'individuo raggiunge un livello di soddisfazione che diversamente rimarrebbe inaccessibile. Non solo compie veri progressi verso mete reali, ma è anche intensamente felice perché è *lui* a guidare la sua vita. Non è più in balìa degli eventi o delle impressioni proprie o altrui.

Che le persone ne siano consapevoli o meno, l'Esperienza Diretta rappresenta uno tra i fini più ambiti, perché custodisce in sé il compimento interiore dell'individuo e permette l'espressione completa del suo potenziale. Ecco perché è di valore inestimabile.

Possedere la piena conoscenza e la consapevolezza di sé è il primo fine umano, grazie al quale gli altri obiettivi diventano possibili, veri e reali.

L'Intensivo offre gli strumenti e crea il contesto per divenire consapevoli in modo naturale, nel pieno rispetto della libertà di scelta, per emanciparsi come individuo e per crescere come essere umano.

La routine quotidiana non dona l'opportunità di sperimentare Esperienze Dirette, così come non aiuta a maturare i diversi processi di crescita che avvengono nel corso. In molti casi provoca forme di decadenza: accumulo di tossine, di sentimenti e giudizi negativi e abbassamento della coscienza. L'Intensivo è anche una straordinaria sorgente d'ispirazione. Divenire consapevoli equivale a *vedere* la verità di sé e della realtà, ma implica anche elevare e nobilitare l'esistenza stessa. Il fascino della scoperta si somma alla praticità e alla concretezza.

L'Intensivo si conferma una grande scuola di vita.

Al suo interno avvengono innumerevoli processi di maturazione: sviluppare la volontà per agire con disciplina e costanza liberi dalla costrizione, allenare l'attenzione, imparare come attraversare e superare le crisi, sostenere i processi di purificazione, essere aiutati e aiutare.

Di valore immenso è la conquista delle relazioni di alta qualità: aprirsi, dare e ricevere fiducia, sentirsi visti e compresi, far sentire agli altri che sono stati compresi, provare gratitudine, esprimere le emozioni, amare.

L'Intensivo insegna ad ascoltare gli altri senza interromperli, a dare loro attenzione senza giudicarli: un modo di correggere molti errori della comunicazione. La cattiva comunicazione è oggi uno tra i problemi più insidiosi; rappresenta uno tra gli ostacoli peggiori allo sviluppo umano.

La maggior parte delle persone adotta uno stato di chiusura, perché crede erroneamente di non avere altra scelta, ma per progredire, abbiamo bisogno di apertura. Solo con l'apertura si schiude il varco al cambiamento positivo, mentre la chiusura vanifica ogni tentativo di miglioramento.

Molte persone permangono in uno stato privo di contatto umano autentico, non ne sono nemmeno consapevoli e soffrono perché sono sole e isolate. In un'epoca con uno sviluppo eccezionale dei mezzi di comunicazione in realtà manca la comprensione tra le persone e la solitudine permea la società come una malattia endemica.

Per progredire abbiamo bisogno di contatto umano, abbiamo bisogno di avvicinarci gli uni agli altri, senza lederci né invadere lo spazio privato.

Solo quando fioriscono l'apertura e il contatto umano, avvengono la crescita e il miglioramento. La chiusura e la distanza impediscono di decollare, inaridiscono le persone che infine non riescono a elevarsi e a superarsi.
L'Intensivo dona un beneficio profondo all'individuo, lo rende maturo e collaborativo. Il beneficio si allarga alla sua famiglia e alla comunità d'appartenenza, perché egli vorrà trovare soluzioni intelligenti, che rispettino sempre più tutti i componenti e vorrà contribuire al benessere degli altri.
I partecipanti entrano in un club informale prestigioso: hanno il compito di custodire e di permettere la naturale crescita dell'Intensivo.
Se una percentuale significativa di persone avrà modo di partecipare all'Intensivo e di raggiungere l'Esperienza Diretta, si otterrà una maturità inedita che indirizzerà l'umanità verso una qualità di vita superiore, una nuova primavera evolutiva, un rinascimento culturale. Valori e progetti costruttivi conquisteranno i primi posti nelle scelte e nelle azioni umane, mentre modalità scorrette e disvalori saranno abbandonati e dimenticati.
L'Intensivo è uno strumento che rende consapevole l'umanità e ogni Esperienza Diretta segna per tutti un passo in questa direzione. Con la partecipazione all'Intensivo ognuno contribuisce in modo consapevole a questa impresa.
Come ogni bambino, imparando a scrivere e a leggere, dà un contributo per alfabetizzare il paese e il pianeta, allo stesso modo l'Esperienza Diretta contribuisce in modo reale e altamente significativo a rendere consapevole non solo la persona che la vive, ma anche tutti noi, la grande famiglia umana.

L'opera di crescita di ogni individuo è un grande bene da ricercare e da conquistare. **L'Intensivo è un dono all'umanità.** Non guarisce i corpi fisici come una medicina. Non migliora la vita come la scoperta del fuoco, l'invenzione della ruota, del mulino o come la costruzione di ponti e di case.
L'Intensivo porta in dono la piena consapevolezza di essere. Essa rivela l'indicibile, la parte d'infinito che portiamo dentro e la nostra equivalenza con tutto quello che ci circonda.

È stata un'esperienza travolgente, fantastica, coinvolgente, positivamente devastante e dirompente; un'esperienza che mi ha cambiato la vita e che, udite udite, probabilmente più avanti avrò il piacere di ripetere. Io ne parlo a tutti con entusiasmo, in primis ai miei figli che spero di riuscire a incuriosire. Chi sono io ancora non lo so ma so con certezza cosa non sono più; certamente sono una persona diversa da quella che giovedì sera è andata a fare un corso intensivo sull'essere consapevole, una persona che ha deciso di prendere in mano la propria vita e viverla intensamente assaporando ogni momento come se fosse l'ultimo, una persona che si pone degli obbiettivi e cerca con determinazione la loro realizzazione. Una persona che vuole eliminare dalla propria vita quel superfluo che ti fa allontanare dalla vera vita. Stima e gratitudine. Grazie!

Massimo

Ho compreso la complessità dei temi, lo studio e la cura che si celano dietro le lezioni. Molto è stato depositato in me e un po' alla volta sedimenta e dà i suoi frutti. In particolare, lo svelamento delle manipolazioni, per lo più inconsce, alle quali sottoponiamo la verità, e il suo inestimabile valore invece come bussola interiore ed esteriore, mi hanno aperto una porta verso la libertà; ho riscoperto il calore umano come veicolo della relazione e dell'educazione; la forza come valore da usare totalmente, per perseverare, tenere, stare di fronte; il tempo, che ho scoperto essere "mio" e soprattutto mi ha dato comprensioni riguardo alla possibilità e agli ostacoli a un'autentica connessione con gli altri; il qui e ora, per riconnettermi a me stessa, riconoscendo i giochi della mente.
Io davvero porto un'immensa gratitudine per questa esperienza, che tutti dovrebbero fare.

Francesca Bogo

21

Resoconti di viaggio

Ma perché non l'ho fatto prima?

Caro Sergio,
sono qui che penso a come descrivere la mia esperienza, e l'unica cosa che mi viene in mente è "MA PERCHÉ NON L'HO FATTO PRIMA?"
È stata un'esperienza semplicemente meravigliosa, carica di amore, di comprensione; mi sono donata agli altri individui al 100% tifando per i loro successi, cercando di confortarli e di farli sentire compresi nei momenti di difficoltà.
In cambio ho ricevuto di più del di più, mi sono sentita sorreggere quando stavo cadendo nel nero più profondo della mia crisi, mi sono sentita incoraggiata quando mi bloccavo e non permettevo alle mie emozioni di uscire e di farmi vedere debole, mi sono sentita amata quando riuscivo a buttare fuori le mie emozioni…

Chiara Damin
Intensivo con Sergio Marcellin a Passo Pordoi (Tn), 5-8 Ottobre 2017

Un volo d'aquila

Avevo paragonato a un volo d'aquila l'Intensivo di Pescul. Di questo Intensivo sono senza parole perché proprio non riesco a trovarle per esprimere al meglio ciò che sento. È un'emozione fortissima, io sono ancora lassù insieme ai miei compagni di "cordata" a faticare insieme, a godere insieme, a soffrire insieme e... a ricevere un amore così grande che non posso descrivere!
Ho ricevuto il dono immenso di comprendere che sono la Vita, che amo la Vita, che tutto intorno a me è Vita! Ho impiegato tanto tempo, tanti anni a comprendere questo, come un mosaico dove metti un pezzetto alla volta ma fai fatica a far sì che tutto sia unito... Ho dentro al cuore tutti e tutto di quel l'angolo di paradiso che è il Pordoi, contorno di una bellezza indescrivibile a un altrettanto indescrivibile INTENSIVO! Un GRAZIE a te per questo dono prezioso!!!

Giovanna Cartago Marcellin
Intensivo con Sergio Marcellin a Passo Pordoi (Tn), 5-8 Ottobre 2017

Che cosa ho appreso in questi tre giorni?

- *A cercare con ardore e volontà, passione e amore chi sono io*
- *a percepire l'altro*
- *a creare un collegamento ricco e profondo con l'altro*
- *a offrire la mia fiducia e avere fiducia nell'altro*
- *a essere trasparente e aperta alla percezione di me*
- *a sentire la mia bellezza*
- *a comprendere la necessità delle scelte*
- *a essere consapevole di me, della mia immensità, forza e ricchezza di amore.*

Sento la fiducia nell'altro, sento vivamente la relazione che mi penetra e mi avvolge, vedo le possibilità. Percepisco la consapevolezza di proseguire questo cammino per vivere chi sono io con naturalezza nella quotidianità, per non spegnere questa fiamma ma alimentarla di nuova energia! Voglio ringraziare dal profondo del mio cuore tutti voi che lavorate in questo grande progetto, proprio nel momento in cui la mia strada era impolverata e non più riconoscibile, siete apparsi dalla nebbia e avete illuminato il mio cammino, mi avete aiutato a ripulirlo di tanta polvere inutile e a tracciare un percorso. Stasera il mio rientro a casa in macchina è stato in un cielo stellato brillante e la vita è diventata un'autostrada di fronte a me.
Vi voglio bene.

Alessandra Calliari
Intensivo con Irene Tessarin a Galzignano (Pd), 26-29 dicembre 2016

Il vascello "Podresca"

Il vascello "Podresca" è fermo in porto e mi sta aspettando, e dopo essere salito a bordo con altri compagni mi accorgo che il mio bagaglio che trascino con me su e giù per la nave è molto pesante, apro il sacco e trovo un libro, il libro che ho scritto io, la mia vita. Mi accorgo solo ora che anche i miei compagni di avventura ne portano uno, tutti hanno portato il libro con le storie di una vita. Mi si avvicina una persona che non avevo nemmeno fatto caso che fosse lì con me a bordo e mi chiede di leggere il mio libro… la mia vita, e lui in cambio mi dà il suo; le pagine dopo averle lette spariscono, come non fossero mai state scritte. Alzando la testa vedo tutti i libri che passano di mano in mano da un compagno all'altro e una mamma con un bambino con un sussurro mi rende il mio, è cambiato, è leggero e non trovo più le pagine che avevo con molta fatica scritto… Siamo arrivati in porto e dopo essere sceso mi fermo, con il libro tra le mani, l'apro e vedo che è rimasta una pagina, una sola, un disegno… fatto dal bambino… ed è un Grande Cuore. Alzo gli occhi e non vedo più nessuno dei miei compagni e mi accorgo solo ora che il Capitano dall'alto mi sorride e mi saluta, pronto a ripartire con un altro carico… di "libri". Grazie Capitano, sei riuscita a portare il vascello in porto tra la furia di tempeste e di uragani, tra lacrime e risa, disperazione e gioia ma nulla ti ha fermato!

Paolo Faggian
Intensivo con Irene Tessarin a Podresca (Ud), 3-6 gennaio 2016

Tsunami

Mi ha letteralmente travolta uno tsunami. Ed io, durante la catastrofe, ricoprivo sia il ruolo della vittima inghiottita che dell'onda stessa in tutto il suo vigore. L'esperienza più forte della mia vita. Sono stata spremuta con una violenza indicibile per poi riaffiorare e percepire la luce del sole sulla pelle dando un valore nuovo a tutto quello che ho rischiato di perdere, me in primis. Ho rischiato di perdere la mia essenza, che si limitava a essere un piccolo ed insignificante nucleo coperto da una buccia spessa e difficile da scalfire. Ma, grazie a questi giorni di estenuante impegno, sono riuscita a rendere gassoso questo nucleo e farlo espandere in tutto quel contenitore che chiamiamo corpo fino ad andare oltre. E la cosa più incredibile è che sono stata io stessa a scaturire questa esplosione.
Durante l'intensivo ho attraversato molte turbolenze e, ripensandoci a freddo, mi sono accorta che le difficoltà nel trovare il mio oggetto e le crisi che ne sono derivate coincidono esattamente con le mie difficoltà e paure nel gestire la vita di tutti i giorni e nel trovare il senso di tutti i miei attimi.
È stato come percorrere la mia vita condensata nei giorni del corso. Quello che mi è parso strano è che ero convinta di aver già messo in atto tutte le possibili soluzioni per risolvere le mie insicurezze, ma era la mia mente ad aver già risolto tutto, non io, ecco perché mi sembrava di non vedere uscita.

Mi ero disegnata una porta sul muro come se il solo disegno potesse bastare per uscire, senza rendermi conto che così rendevo il tutto ancora più frustrante.
Nei giorni del corso ho concretizzato tutto quello che fino ad allora avevo solo pensato.
Ho scoperto che dentro c'è molto di più di quello che si può vedere e anche solo immaginare, e se quello che c'è dentro aderisce con il resto, nulla di quello che ne deriva può essere sbagliato.
Non c'è nessuno più bravo di me nell'essere me.
Ed ora ho capito: il punto non è essere come voglio essere, ma voler essere esattamente come sono.
Ho tutto nelle mie mani ed ora mi basta un respiro profondo per ricominciare e ri-definirmi momento per momento, senza voler seguire un determinato stato d'animo imposto dalla mia mente, ma semplicemente seguendo quello che sento.
Una cosa che ho notato è stato l'azzerarsi della fatica. Prima dell'Intensivo a passare del tempo con le persone mi stancavo sia fisicamente che mentalmente perché recitavo una parte. E nonostante il copione rispecchiasse a volte più a volte meno com'ero davvero in base al contesto in cui mi trovavo, un ruolo costruito restava. Anche quando ero convinta di essere me al 100% in realtà ero sempre un'attrice che inscenava se stessa.
Ora mi rendo conto che non si fa nessuna fatica non opponendo resistenza al flusso naturale: è la sensazione migliore che io abbia mai provato.

Passati quei primi giorni di euforia nel mio rientro nella vita quotidiana, ho realizzato quanto sia difficile conciliare la propria autenticità con i propri doveri.
Non è stato facile essere completamente vera.
Ci vuole tanto coraggio.
Ma io sono uno tsunami: coraggio ne ho da vendere.

Alice Piazza
Intensivo Giovani con Irene Tessarin a Dimaro (Tn), 28-29 ottobre 2017

Il sole dentro di noi

Quanto ci lamentiamo quando le cose non vanno "bene", non vanno nella direzione in cui vorremmo andassero, non seguono e non soddisfano le nostre aspettative, spesso non verso sé stessi, ma verso gli altri. Quanta forza e quanta energia sprecate e consumate in mal di testa causati dal male del mondo, dalle situazioni tristi e dolorose, da amici insoddisfacenti, da occasioni perse, da relazioni che stanno in piedi solo perché sostenute dall'abitudine, situazioni che non cambiamo per la paura del "chissà quali sarebbero le conseguenze di una situazione terminata, di una persona lasciata andare e persa". E in tutto questo mare, nella vastità di questo oceano di vita, infanghiamo noi stessi, amiamo affondare nelle sabbie mobili e perdere poi tempo e fiato a disperarci per la mancanza di terra ferma sotto i nostri piedi. E siamo lì. Restiamo lì, decidendo la nostra impotenza, dando peso inutile alla mente.

Ma perché non ci fermiamo mai a darci attenzione? Perché non ci rendiamo mai conto che viviamo in superficie e in una falsa profondità? Perché ci auto-convinciamo di non poterci spingere al di là di ciò che facciamo per via dei limiti che noi stessi ci siamo posti?

Non conosciamo il vero valore del concetto di libertà e di leggerezza perché siamo ciechi e ottusi, ci rifiutiamo di vedere, toccare e ammettere l'esistenza delle nostre gabbie di vita, del nostro singolo e unico carcere interiore.

Ma come si fa ad amare la libertà e a non volerla davvero? Come si fa a permettere al mondo di oscurarci, di coprire il nostro essere e di spingerci giù, sempre più sotto terra, impotenti al tornare alla vita e a respirare aria pura?
Ebbene lo facciamo ogni giorno, non volendo cercare e conseguentemente trovare mai un istante per noi stessi, per tutto ciò che stiamo affrontando, per chiedere noi stessi, senza aspettare, senza attendere che sia il mondo a darci attenzione, volendo sapere "Come sto? IO, come sto?". Dovremmo abbracciarci sempre, dovremmo non solo sentire i dolori e le felicità che proviamo, bensì andare nella nostra più abissale profondità e scoprire il perché della nostra sofferenza. Solo allora incontreremmo noi stessi piangere o sorridere, guardarci, confidare e riappropriarci dei nostri valori che fanno la persona che siamo.
Siamo noi a commettere la più grave mancanza di rispetto verso noi stessi: ignorare chi siamo, non cercarci all'interno delle nostre viscere, non trovare quell'enorme spazio di luce, oscurato dai pensieri di ogni giorno, dalle emozioni negative di ogni giorno, dalle persone a cui permettiamo quotidianamente e in diversi modi di trafiggerci, di ferirci, di farci del male.
E nessuno sana le nostre ferite, perché abbiamo bisogno di noi stessi, della nostra essenza che guida le nostre azioni, perché abbiamo bisogno dei nostri valori senza i quali non siamo niente; perché abbiamo bisogno dei nostri obiettivi, senza i quali siamo ciechi e

manchiamo di determinazione e di sicurezza.
Mi ricordo le parole di una canzone ascoltata durante il corso: "Non sei mai preparato abbastanza, ma sei pronto da sempre".
Ecco che ognuno di noi ha già in sé tutto il pacchetto completo degli strumenti di vita, tutte le potenzialità, tutte le competenze, tutte le risorse e, infine, tutta la forza per poter affrontare le esperienze della vita e scoprire quanto valiamo, quanto dobbiamo volerci bene, quanto non dipendiamo dal bene degli altri, quanto non sia la perdita di una persona a farci crollare, bensì il non aver mai preso consapevolezza di quanta energia abbiamo, di quanta energia siamo, di quanta luce possiamo irradiare ogni giorno, a ogni persona.
Basta la consapevolezza di avere sempre il sole dentro per poter capire che non esisterà mai il buio in questa vita, ma solo nuvole e temporali passeggeri che potranno farci lacrimare e far scendere la pioggia o la grandine sulla nostra terra, ma la forza del Bene e dell'Amore varranno sempre di più di qualsiasi ferita, di qualsiasi inciampo, di qualsiasi caduta e di qualsiasi perdita.
Devi sapere chi sei, devi sapere di esserci sempre e con Amore, di stringerti forte ogni giorno e urlare al mondo intero che prima di sperare che ci sia una persona per te, devi credere nella tua forza e avere cura di esserci ogni giorno tu per te stesso. Fai scelte consapevoli, abbi rispetto di te stesso, amati e viviti.

Emanuela Vanìa
Intensivo Giovani con Irene Tessarin a Podresca (Ud), 6-7 maggio 2017

Attimi durati ore. Ore volate in un battito di ciglia.

Pienezza. Svuotamento.
Leggerezza. Profondità.
Equilibrio. Sballottamento.
Stupore. Consapevolezza.
Opposti o semplicemente facce della stessa medaglia.
Sfaccettature di una Chiara che si è ricongiunta con la sua profonda essenza.
Un puzzle finalmente completo dopo anni di incastri mal riusciti o, in taluni casi, illusoriamente azzeccati.
"Sono stati i tre giorni più intensi, sorprendenti ed emozionanti della mia vita", ho scritto nel primo messaggio inviato dopo l'Intensivo, quando il tanto temuto contatto con il mondo esterno è divenuto realtà.
Giorni di silenzi rumorosi, di linguaggio del cuore.
Attimi di stato di calma apparente. Di caos totale.
Attimi durati ore. Ore volate in un battito di ciglia.
Momenti di una vita che ora più che mai appare per quella che è: straordinariamente meravigliosa.
Un dono da custodire con cura e amore.
Quell'amore che finalmente sento forte anche per me stessa e non solo per gli altri.
Sapere chi si è ed esserne pure fieri svolta davvero la vita. E anche il dolore che oggi sento, assume un peso relativo.
Spero di conservare tutto il candore, lo stupore e l'empatia che tanto mi fanno sentire una bambina appena nata.

Spero che la sensazione di apertura totale che è entrata nel mezzo del mio stomaco non voglia più cambiare casa.
Spero ma soprattutto agisco.
Affinché la passione, l'impegno mio, del gruppo, tuo, caro Nicola, e dei fantastici assistenti contribuiscano a far fiorire tante dune nel deserto.
Un abbraccio enorme.
Per sempre nel mio cuore.

Chiara
Intensivo con Nicola Santin a Bresimo (TN), 28-31 luglio 2016

Una settimana... solo sette giorni.

Tanti, eppure pochi, pochissimi per comprendere la destinazione.
Ogni giorno salivo in una carrozza diversa. Non sapevo quale. Non era prenotabile.
Ogni giorno entravo in uno scompartimento nuovo. Nuovi passeggeri. Nuove storie. Nuovi silenzi.
Ogni giorno ero curiosa, determinata a raggiungere nuove destinazioni.
La mattina del settimo giorno il treno finalmente è arrivato in stazione.
Con grande meraviglia sono scesa e ho avuto la sensazione che non fosse mai partito.
Mi sembrava di essere giunta nello stesso punto in cui ero salita.
Avevo ragione. Ero tornata "a casa". Ora ne ero certa!
La metafora del treno spiega quanto la vita meriti di essere scoperta, esplorata, indagata per sentirmi a mio agio, per comprendere che ogni attimo acquisisce valore solo se io scelgo di dargli valore. Ogni attimo è piacevole se io scelgo di viverlo con piacere.
Ogni risultato è perseguibile se io mi dedico completamente al suo raggiungimento.
Ogni cambiamento è attuabile se io agisco con l'intenzione di cambiare.
Maturare la certezza di chi essere, di dove andare, di perché andare mi permette ogni giorno di tentare, di sfidare, di sbagliare, di agire.

Perché "comunque vada, io so dov'è diretto il mio treno!"
Ora che conosco di più il mio passato, sono pronta a lasciarlo andare.
Vivo il presente. E nel presente progetto il mio futuro.
Qui e ora è adesso. Posso scegliere.
Posso fare. Posso cambiare.
IO POSSO!

Antonella Olivieri

Intensivo con Silvano Brunelli a Podresca (Ud), 5-12 agosto 2017

Io sono

Carissimi Silvana e Silvano, e carissima Irene!
mi sono sentita "a casa" sempre, anche quando ero arrabbiata, e mi sento "a casa" tuttora. È una bellissima sensazione, appagante e costruttiva. Mi sento salda nel mio esserci e pronta a fare quello che c'è da fare. Non sono uscita dall'Intensivo, semplicemente è cambiato il contesto, le regole e gli orari certo, ma l'Essenza è immutata. Io sono. Il mio intento è vivere la vita completamente.
Il risultato più importante conquistato durante il corso è la piena consapevolezza di esserci nell'ORIGINARE. IO ORIGINO in modo intenzionale, consapevole, pieno, puro e focalizzato.
In verità, anche prima ho originato, in qualche modo, ma non completamente Presente. Per cui le mie scelte erano mie solo in parte, mancava il collegamento con il resto del percorso per renderle reali, quindi con le intenzioni, i pensieri, le parole e le azioni. Un vero e proprio black-out, anche se apparentemente "minuscolo" e quasi non rilevabile.
Questo mi porta subito due doni: uno – il risultato è MIO, ora mi torna tutto e io lo accolgo e mi lascio trasformare; due – essendo ciò che origino MIO, io ne sono pienamente responsabile, ne rispondo io, e non dò la colpa e la responsabilità ad altri. Si è aperta e pulita la strada nel dare e nel ricevere.
È stato un Intensivo magnifico.

Complimenti e infinita gratitudine agli assistenti!!
Sono stata bene, ho riso, ho pianto, ho lavorato, ho dato e ricevuto tantissima relazione di una purezza e intensità stupefacente eppur normale. Ho seguito le indicazioni con fiducia, i passi da voi indicati portano alla completezza, senza dubbio.
Il vostro è un lavoro da maestri di umanità.
Con tutta la mia stima e il mio amore.

Silvia Unterhuber
Intensivo con Silvano Brunelli a Podresca (Ud), 12-26 agosto 2016

Scoprire chi sono io

Ventun giorni in un luogo bellissimo per ritrovare me stessa e scoprire chi sono io, questo è stato il mio primo Intensivo!
Non sapevo cosa fosse, come funzionasse, che cosa avrei fatto. Sapevo solo che era la cosa migliore che avrei potuto sperimentare per cambiare veramente la mia vita.
È stato tutto nuovo, imprevedibile, incredibilmente sorprendente: non avrei mai immaginato di vivere un'esperienza simile.
La mia prima esperienza diretta mi è esplosa dentro, come un fuoco di luce ed energia: una vampata di calore e di felicità che mi ha dissolto in miliardi di cellule gioiose. Il cuore batteva fortissimo ed io non c'ero più, solo un senso di vuoto pieno di tutto!
È impossibile descrivere la pienezza, la completezza e l'amore provato, che giorno dopo giorno, da un'esperienza diretta all'altra, mi hanno lentamente ma profondamente trasformata e permesso di vedere, di toccare chi sono veramente.
Il silenzio, la pace, la forza, la serenità, il perdermi nell'altro, la beatitudine dell'essere semplicemente, la stabilità permanente, l'assoluta certezza di essere, si sono susseguite giorno dopo giorno mentre l'Intensivo mi portava con sé sempre più in profondità. E io mi sono lasciata trasportare, donandomi completamente.

Mai gratitudine più grande per chi mi ha condotto in questo viaggio, che ha segnato per sempre la mia vita, rendendomi una persona migliore e aprendo per me un nuovo destino.
Grazie Silvano!

Donatella De Marco
Intensivo con Silvano Brunelli a Faedis (Ud), 30 luglio-20 agosto 1994

Armonia

Eccomi di fronte al partner, mentre sono concentrata nel mio ruolo, continua la profonda attenzione di puro ascolto acritico e senza giudicare, né accordo, né disaccordo, sono sempre nell'essere in completa armonia con tutti. C'è dedizione totale verso l'altro e tutto questo mi torna centuplicato; sento riposo, quiete, pace, serenità… completezza. Nell'esercizio successivo dico che questo silenzio è più bello di qualunque musica… e io amo la musica! Da entrambi sale una dolce commozione, appare una lacrima nell'occhio di chi ho di fronte che subito scivola via cancellata dalle sue dita. E io mi sento in unione con tutti gli esseri umani, posso abbracciarli tutti (i sei miliardi che popolano questo pianeta) e tutti possono entrare nel mio territorio... ancora respiro la pace e l'amore che regna in tutta la stanza e nel mondo.
Ancora e sempre suprema gratitudine per i doni che si ricevono da ogni Intensivo.

Ester Reta
Intensivo con Silvano Brunelli a Podresca (Ud), 5-19 agosto 2017

La mia essenza

Presi parte al mio primo Intensivo ventiquattro anni fa. Desideravo tanto vivere un'esperienza di unione ma mi sembrava un'impresa impossibile, irraggiungibile. Era una grande occasione per me, da non perdere, così mi organizzai per assentarmi da casa tre giorni e andai.

Non fu facile, credevo di conoscermi, ma scoprii che non mi conoscevo affatto, se non superficialmente. Imparai a usare la tecnica di ricerca e piano piano mi "spogliai" di così tante identità, pensieri, giudizi, credenze su di me, vecchie di anni, che non mi rendevo conto di avere, fino a quando fece capolino ciò che cercavo… il bene più prezioso in assoluto che ogni essere umano possiede, l'origine da cui prendono forma bellezza, amore, valori, risorse, qualità, doti, energia, possibilità che ci appartengono e che spesso non sappiamo di avere.

Fu come togliere un velo, vissi la mia essenza, celata in me da tanto tempo, come sepolta nell'ultima di un infinito numero di matriosche, vistose, grandi e piccole, attraenti ma illusorie… era lì, mi apparteneva completamente con la sua profondità, la sua folgorante bellezza e disarmante naturalità.

Da allora la mia vita subì grandi cambiamenti, il primo dei quali fu il miglioramento immediato della relazione con le persone che mi stavano più vicine: mia figlia e mio marito.

La mia direzione nella vita divenne più chiara, cominciai a realizzare sogni che tenevo da anni nel cassetto. Uno di questi è quello che oggi mi permette di condurre corsi di crescita personale e Intensivi, seguendo quella naturale propensione degli esseri umani al voler condividere con altri ciò che si percepisce di grande valore per sé.

Rosi Bosso

Il coraggio racchiuso dentro di noi

La crescita è prima di tutto coraggio. Inizia con il permettersi di dire "Sì, ho scelto di cambiare".
Prosegue con il coraggio di tenere nonostante le barriere che si possono incontrare: malattie, macchine che si rompono, multe da pagare, amici che si arrabbiano, colleghi che si assentano... Può succedere di tutto!
Per innescare la crescita serve il coraggio di iniziare un percorso e non lasciarsi deviare da dubbi e stanchezza!
...ma ancor più coraggio ci vuole quando ci si trova la prima volta uno di fronte all'altro, occhi negli occhi e non si sa cosa dire.
È sempre coraggio ciò che permette di aprirsi, di mostrare la parte più profonda di se stessi, di varcare la soglia del passato e dei propri irrisolti per guardarli in faccia... Anche pieni di paura!
La crescita è mettersi in secondo piano e riuscire ad accogliere tutto il dolore che sgorga da chi è di fronte a noi... E scoprire che è possibile comprendersi senza giudicare. Sempre la chiamo crescita… quando riesco a persistere anche se il risultato non è visibile... E quando sembra che arrivi agli altri e non a noi.
È crescita riuscire a lasciar andare ma anche permettersi di ricevere, fare spazio e abbandonare ciò che non ci appartiene e riempire lo spazio con ciò che si è!
Si chiama crescita anche quando si è dato tutto e si è ricevuto tutto eppure si continua ancora a dare tutto per gli altri.

Crescita è anche rimanere in silenzio lasciando che la verità di se stessi diventi visibile e reale.
Ma la crescita più grande è quella di portare tutto questo a casa per farne i mattoni con cui edificare la propria vita, ogni giorno!
In ognuno di noi esiste una parte impavida e una parte che si tira indietro, tutto sta nella scelta di quale parte si vuole far vincere!

Irene Tessarin
Aprile 2016

22

Un invito che può cambiare la vita

Conoscere se stessi

Nella vita di ognuno esiste un fulcro essenziale: chi siamo veramente.

Da noi stessi prende forma ogni altra cosa: quello che vogliamo, quello che non vogliamo, i nostri valori, come comunichiamo con gli altri, come agiamo, quali risultati otteniamo, in quale direzione ci avviamo. Dalla verità di noi stessi prende forma la nostra vita.

Possiamo divenire maggiormente consapevoli di chi siamo e scoprire di poter accedere a una conoscenza inedita di noi stessi. La maturità personale diventa poi una vita migliore.

L'*Intensivo sull'Essere Consapevole* è il contesto ideale per conseguire un'autentica crescita di sé come persona: elevare la consapevolezza, rafforzare la padronanza delle proprie scelte e acquisire raffinatezza nella propria espressione.

I quesiti esistenziali

Durante il corso l'indagine è guidata dai quesiti fondamentali "Chi sono io?", "Che cosa sono io?," "Che cos'è la vita?", "L'altro essere umano".
Penetrare queste domande essenziali significa conoscere se stessi, avere chiarezza, maturare sul piano umano.
L'Intensivo si distingue per la sua intensità, per la sua forza, per la sua bellezza. Ogni partecipante può dedicarsi alla ricerca senza distrazioni, portando tutta l'attenzione soltanto a se stesso, indagando la propria identità nella sua natura più intima: l'essenza di sé. Ogni partecipante può comunicare, esprimersi, entrare in relazione in un contesto di apertura, di fiducia e di rispetto profondo.
La tecnica di ricerca, semplice e penetrante, come un sentiero conduce il ricercatore in un viaggio incredibile dentro se stesso e in una nuova conoscenza dell'esistenza.

Un percorso tanto impegnativo quanto straordinario

L'*Intensivo sull'Essere Consapevole* è un corso di crescita personale che richiede al partecipante una motivazione profonda e un forte impegno. L'Intensivo crea un contesto di sostegno straordinario, in cui diventa possibile vincere le sfide del cambiamento. Le esperienze nell'Intensivo sono altamente formative, fanno maturare comprensioni essenziali e rispettano la libertà di scelta.
Un confronto sano con le difficoltà rende la persona forte.

Riconoscere la verità la rende saggia. Aprirsi nelle relazioni umane la rende profonda.
Molti partecipanti alla fine del corso ci hanno salutato con gratitudine e con queste parole:
"I tre giorni più difficili e più belli della mia vita!"

Ti invito a partecipare al prossimo Intensivo sull'Essere Consapevole.
Ti invito a cogliere uno tra i doni più preziosi della vita.

Cerca la data del prossimo Intensivo sul nostro sito
www.podresca.it
scrivici alla mail info@podresca.it

LETTURE CONSIGLIATE

Collana La ricerca
Brunelli S., Scoprire chi sono io
Brunelli S., La teoria dell'essere, vol. I-II

Collana Abilità nella vita
Brunelli S., La mia vita
Brunelli S., La vita è mia

Collana Abilità di relazione
Tiani Brunelli S., La comunicazione
Brunelli S., Il paradigma della comprensione

Collana Abilità della persona
Brunelli S., Tiani Brunelli S., Volontà creativa

Collana Mente funzionale
Brunelli S., Nel labirinto della mente

Collana La relazione di coppia
Tiani Brunelli S., La relazione di coppia
Tiani Brunelli S., La comprensione nella coppia

Collana L'arte di educare
Tiani Brunelli S., Educare con amore e fermezza
Tiani Brunelli S., I fini nell'educazione
Tiani Brunelli S., Il sì e il no
Tiani Brunelli S., Le abitudini di vita
Tiani Brunelli S., Il ciclo di apprendimento
Tiani Brunelli S., Insegnare le relazioni
Tiani Brunelli S., Lo sviluppo della personalità
Tiani Brunelli S., Esprimere e conoscere se stessi
Tiani Brunelli S., Le abilità dell'educatore

Tiani Brunelli S., Un progetto per un bambino
Brunelli S., Tiani Brunelli S., L'arte di educare.
Corso per corrispondenza

Collana Scuola delle abilità
Brunelli S., Le abilità personali nell'educazione.
Fondamenti teorici e metodologici

Libri didattici Abilità personali a scuola
Brunelli S., Tiani Brunelli S., Le abilità per imparare

VideoLezioni L'arte di educare
Tiani Brunelli S., L'arte di educare

PODRESCA EDIZIONI
Borgo Podresca 1
33040 Prepotto, UD
tel. 0432.713319
mail: info@podrescaedizioni.it
www.podrescaedizioni.it

CENTRO STUDI PODRESCA

Il Centro Studi Podresca è un'associazione culturale e di promozione sociale fondata nel 2003 con la finalità di realizzare una ricerca innovativa per lo sviluppo delle abilità umane.

Il fulcro delle attività è la crescita della persona: conoscere se stessi, concretizzare progetti di valore, essere efficaci e collaborativi, costruire relazioni di alta qualità, vivere con pienezza esistenziale.

Il Centro Studi Podresca è iscritto al Registro regionale delle associazioni di promozione sociale del Friuli Venezia Giulia. È socio del Club UNESCO di Udine con il quale collabora. Ha sede a Podresca, borgo rurale immerso nel verde nell'incontaminata Valle dello Judrio.

I ricercatori del centro studi hanno ideato una nuova disciplina, "Scienze delle abilità umane", dedicata all'innovazione per la persona e la società.

Grazie al sistema organico di conoscenze inedite e al metodo di lavoro altamente efficace i progetti pilota ottengono risultati e riconoscimenti, rispondono in modo puntuale alle esigenze della società odierna e prospettano direzioni di sviluppo per il futuro.

L'associazione svolge un intenso programma di attività, collabora con scuole, aziende, enti pubblici e privati. Organizza corsi di studio, corsi di formazione e progetti regionali che introducono buone prassi per il migliora-

mento continuo nella dimensione della persona, dell'educazione, del lavoro e della comunità. Promuove la valorizzazione del territorio e la cittadinanza attiva con percorsi basati sul volontariato, sulla motivazione e sulla capacità di collaborare.
Il Centro Studi Podresca si distingue per le scoperte innovative e per i risultati che valorizzano l'essere umano ed elevano la qualità della vita. La ricerca è stata apprezzata in convegni europei come buona prassi e vanta il primato dell'aver introdotto lo studio delle abilità di relazione a scuola con il progetto "Costruire Relazioni", realizzato con il contributo e il patrocinio della Regione Veneto. Per il valore innovativo la ricerca è stata illustrata all'Expert Group Meeting tenutosi presso la sede del Comitato delle Regioni dell'Unione Europea (Bruxelles 2012) e ha portato contributi ai convegni presso le Nazioni Unite "Il ruolo delle famiglie nello sviluppo sociale" (New York 2014) e "Il ruolo delle famiglie nel futuro che vogliamo" (New York 2015).

Scienze delle abilità umane

Scienze delle Abilità Umane è un sistema organico di conoscenze ideato da Silvana Tiani Brunelli e Silvano Brunelli nel laboratorio del Centro Studi Podresca in collaborazione con un team eccellente e i soci. È un sistema innovativo di ricerca e formazione dedicato alla crescita della persona e allo sviluppo della società.
Nell'attuale momento storico l'innovazione nelle abilità umane è una priorità. La maturità delle persone, le motivazioni, le decisioni e le relazioni collaborative sono i fattori che determinano i cambiamenti positivi di cui abbiamo maggiormente bisogno per elevare la qualità della vita.
Scienze delle Abilità Umane si compone di 25 unità di studio con un sapere inedito e strumenti efficaci per la crescita personale e per contribuire ai processi di innovazione sociale. Il sistema operativo, perfezionato in 30 anni di lavoro sul campo, si distingue per la qualità e la quantità dei risultati conseguiti. L'efficacia della ricerca risiede nel riconoscimento del valore dell'individuo, nell'approccio basato sulle abilità, nel metodo di lavoro, nell'applicazione della conoscenza, nella forza dei risultati, nella ricchezza dei temi e nell'interconnessione tra le aree trattate. I percorsi formativi alternando conoscenze ed esperienze originano il contesto ottimale per il miglioramento continuo.
L'indagine si estende nelle diverse dimensioni della vita: l'emancipazione dell'individuo, la famiglia, il mondo del lavoro, la governance e la cittadinanza attiva. Presenta nuove concezioni e logiche operative per raggiungere i successi e prevenire i problemi.
Lo sviluppo delle abilità umane rende una persona più consapevole, capace, soddisfatta di sé e della propria vita; rende una famiglia più stabile, collaborativa e felice. L'applicazione in ambito professionale aggiunge significato e valore al lavoro; rende un'azienda più produttiva e funzionale.

Innovare nell'universo delle abilità umane è una delle sfide più alte in cui l'essere umano oltre a conoscere e creare, diviene capace di trasformare in modo positivo se stesso e la vita di cui è parte.

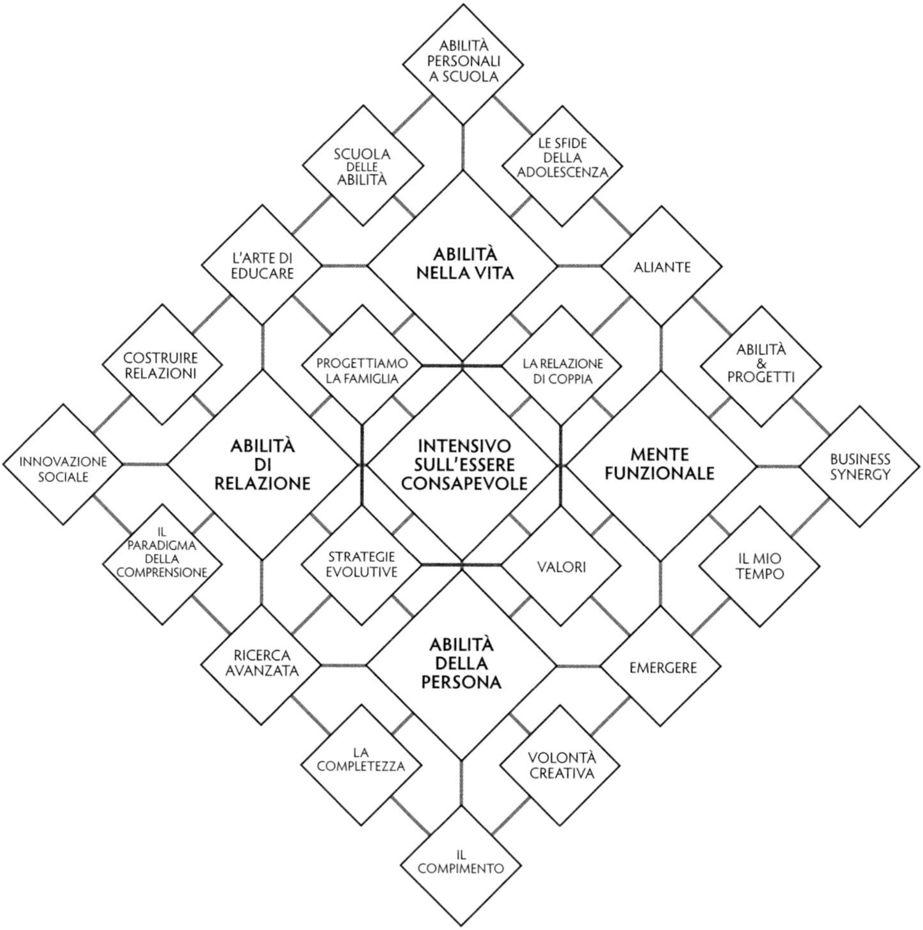

INDICE